Gianluca Moro

Riflessioni

Luglio 2007

l'apprendista è colui che non sa niente

il sapiente è colui che sa un sacco di cose

il saggio è colui che,
dopo aver imparato un sacco di cose,
le ha dimenticate

GMR003

Introduzione

Pare che al giorno d'oggi tutto sia coperto da copyright e che i brevetti vengano riconosciuti per le cose più banali, e se di qualche opera non si vede dichiarato esplicitamente il copyright a cui è soggetta, ci si pongono mille domande sul fatto che si possa o meno usare.

Non ritengo che questo lavoro possa essere di interesse tale da far desiderare a qualcuno di copiarlo ed appropriarsene, cosa che comunque riterrei un segnale di apprezzamento per queste riflessioni sparse, scritte nel corso degli anni, slegate tra di loro e legate esclusivamente all'umore del periodo!

La mia idea è che il presente lavoro possa essere copiato ed utilizzato liberamente da chi lo ritenga interessante, fatto che dovrebbe essere formalizzato abbastanza bene dalla licenza Creative Commons. Ne ho riportato i punti principali, ma nel caso vi siano dubbi, contattatemi. Farò il possibile per chiarirli, ma non essendo un avvocato, tra contratti e clausolette non sono a mio agio!

Capitolo 1

Racconti

Inizio questa raccolta con pagine che non conten-
gono riflessioni, ma alcuni raccontini molto brevi,
essenzialmente per partire con qualcosa di "leg-
gero"; se qualcuno inizia a leggere queste pagine
per sbaglio, forse trova interessanti i raccontini e
continua a leggere anche il resto!

Comunque i vari capitoli sono completamente
slegati tra di loro, per cui sentitevi liberi di leggerli
nell'ordine che preferite, eventualmente di saltarli
a piè pari, anche se così resterete con il dubbio di
esservi perso qualcosa di interessante!

1.1 La caccia

La luce filtra dagli interstizi: l'alba è arrivata ed
io sono pronto ad alzarmi, completamente riposa-
to dalle fatiche della giornata di ieri: ero arrivato
al capanno poco dopo il tramonto, giusto il tempo
per riporre l'attrezzatura di fianco al mio giacilio,
mangiare qualcosa, e stendermi per riposare. Mi
sono addormentato subito, e la notte è trascorsa
velocemente, ma ora sono pronto ad uscire; anzi, sono sempre pronto ad uscire per la caccia:
chissà cosa troverò oggi nella foresta, e soprattutto chissà se troverò qualcosa che valga la pena di
cacciare.

Esco dalla capanna quasi contemporaneamen-
te al sorgere del sole, il terreno è soffice ed umido
per la rugiada della notte, i miei passi mi portano
silenziosi verso la sorgente che avevo individuato alcuni giorni or sono, le piante del sottobosco,
mosse dal mio passaggio, lasciano cadere sul mio
viso la rugiada accumulatasi sulle foglie. Questo,
assieme all'aria fresca della mattina, contribuisce
a svegliarmi completamente e così mi concentro
sulla mia destinazione: la Sorgente. Si trova alla
fine di una piccola valle, non è difficile da raggiungere se si conosce il sentiero, ma del resto
non è mai difficile raggiungere la propria meta

una volta che si conosce la strada: quante volte ero già passato nelle vicinanze senza notare nulla!

Sono ormai tre anni che concentro le mie battute estive in questa zona: è poco frequentata dagli uomini, molto dagli animali. Essi sanno apprezzare la natura e vivere in armonia con essa. Anch'io amo la natura e per nulla al mondo rinuncerei a queste battute solitarie che mi allontanano dal mio ambiente quotidiano e mi illudono di far parte di un mondo molto più semplice e primitivo. Il capanno che uso come base, l'unica traccia dell'uomo, a parte me stesso, nel raggio di centinaia di chilometri, deve essere stato costruito parecchi anni fa da qualcuno come me: io l'ho solo pulito e sistemato un po' la prima volta che l'ho individuato, quasi per caso, completamente mimetizzato tra i cespugli del sottobosco.

Mimetizzato come la traccia di sentiero che sto per imboccare e che mi porterà alla sorgente: vicino all'acqua ho visto parecchie tracce di animali, qui invece non se ne vede quasi nessuna. Non ho ancora capito che via percorrono quando vanno a dissetarsi: probabilmente non seguono un percorso unico, ma strade diverse, una cosa piuttosto insolita, che ha contribuito a tenermi nascosto questo luogo per così tanto tempo.

Ma ormai sono arrivato: è una radura erbosa, piccola e bellissima, circondata dal bosco da tutte le parti, con una polla d'acqua al centro, alimentata da una sorgente sotterranea, e con un piccolo ruscello che porta via l'acqua in eccesso. Da un lato ho individuato un vecchio albero con il tronco diviso in due, che mi consente di appostarmi al riparo, senza essere visto, ma vedendo perfettamente l'intera polla e gran parte della radura.

Procedo con la preparazione dell'appostamento, nel silenzio del bosco, rotto solamente dal gorgoglio dell'acqua del ruscello: un sottofondo rilassante che mi tiene compagnia durante l'attesa. Ora è tutto pronto, devo solo aspettare che qualche animale si avvicini per dissetarsi, e di certo non sarà un'attesa vana: nella radura c'erano delle orme fresche, di ieri, che mi fanno pensare ad un visitatore abituale, anzi, più di uno: se non mi sono sbagliato, penso di poter sperare nell'arrivo di una bella cerbiatta con i suoi due piccolini; questa potrebbe essere veramente una giornata proficua.

Il tempo scorre lentamente, ma l'attesa non mi annoia affatto, il guardarmi attorno non mi stanca mai; i rami degli alberi più alti continuano a muoversi a destra e sinistra, in un ondeggiare ipnotico, interrotto di tanto in tanto da qualche uccello che vi si appoggia. Quel venticello non arriva nel sottobosco, dove l'immobilità è maggiore, almeno fino a quando non arrivano visite: Eccoli! Non mi ero sbagliato, una bella famigliola che si avvicina spensierata all'acqua, e del resto non hanno motivo di temere alcuna cosa. La cerbiatta è la prima a dissetarsi, seguita all'istante dai due piccolini: veramente un bel quadretto familiare.

È tutto perfetto; la cerbiatta è nel centro del mirino: scatto. Deve avermi sentito, perché alza la testa e guarda nella mia direzione; di meglio non posso sperare: scatto ancora un bel primo piano. Poi sposto l'inquadratura sui due piccoli che, a differenza della madre, non hanno notato nulla, e continuo a scattare foto fino a terminare il primo rullino. È la prima volta che riesco a scattare un rullino intero prima che il soggetto scappi: un po' la fortuna, un po' il rumore dell'acqua del ruscello che copre quello degli scatti.

Penso che domani tornerò a casa: potrei ritardare il rientro di un altro giorno, ma preferisco non aspettare l'ultimo momento, e soprattutto voglio concludere così queste vacanze, con l'immagine di questi bellissimi cerbiatti che si dissetano a pochi metri da me.

1.2   Attesa

Sospeso in un limbo, guardo a destra e a sinistra, avanti e indietro, alla perenne ricerca di un'anima gemella: forse si trova proprio dietro l'angolo, proprio là dove mi trovavo due minuti fa. Forse la incontrerò tra due minuti, una persona, come me, da lungo tempo impegnata in una ugual ricerca. Da quanto tempo dura tutto questo? non so, forse tanto, forse poco, ma anche se fosse pochissimo, è sempre una eternità: un minuto di attesa pare una vita, una vita che procede comunque senza fermarsi, sapendo che da quell'Incontro in poi non vi saranno più due vite separate, ma una sola, e non due volte, ma duemila volte più felice!

Quanto manca all'Incontro? due minuti, due ore, due giorni, due mesi ... non so, manca sempre troppo, fossero anche due secondi. Ma l'attesa è resa dura proprio da questa incertezza: due anni sono un nonnulla, se si conosce quanto sono lunghi. È l'ignoto che incombe, l'ignoto che non si conosce.

Ma forse l'attesa è finita? siamo giunti all'Incontro? o è solo un altro incontro, senza "I" maiuscola? Questi ultimi sono certo i più comuni: cerchiamo un indizio, un segno, una prova per rendere maiuscola quella "i": dall'attesa dell'Incontro si passa all'attesa dell'indizio. Serve un occhio esaminatore? sarà un piccolo indizio da individuare o sarà un indizio enorme, così enorme da sfuggire a chi ne è troppo coinvolto? Anche queste ultime domande restano senza risposta, forse perché bisogna fare più domande, cercare più indizi, e se non si trovano, passare al prossimo incontro, non attenderlo, ma presentarsi direttamente. E se dietro l'angolo non c'è nessuno, spostarsi nell'altro angolo: in fondo il limbo in cui ci troviamo è ben popolato, e dato che siamo qui ad attendere, tanto vale spostarsi di qua e di là, così impegnamo il tempo dell'attesa, la rendiamo forse meno lunga, di sicuro meno noiosa.

1.3 La casa

Eccomi qui, a casa, solo, che mi muovo come un automa da una stanza all'altra, ascoltando l'eco dei miei passi, che rimbombano in questi enormi spazi vuoti. Il vuoto che c'è qui dentro è forse pari alla desolazione che si può vedere fuori dalla finestra: un paesaggio bianco che ripete se stesso chilometro dopo chilometro, interrotto di tanto in tanto da qualche forma indistinta: un cumulo di terra? un cespuglio? i resti di una capanna disabitata? La spessa coltre di neve rende tutto uguale, omogeneo, silenzioso: nemmeno il rumore dei passi si sentirebbe, camminando là fuori.

Dovrei essermi abituato: ogni anno mi ritrovo così, in una solitudine che si potrebbe chiamare tranquillità, la tranquillità che segue l'agitazione dei giorni scorsi. La vita ferveva, allora, in questi stessi luoghi, a tal punto che un po' di silenzio sembrava un sogno irrealizzabile. Le stanze erano piene di pacchi, ed i miei amici correvano instancabilmente da una parte all'altra, ognuno con il suo preciso compito da me affidatogli in precedenza. Le cose da fare sono sempre talmente tante che mi sembra ogni volta impossibile essere in grado di gestirle correttamente, e, soprattutto, rispettando le scadenze.

Ma in realtà non sono solo nemmeno ora: ecco che sono arrivato dove stanno riposando le mie care renne; loro non si fanno troppi problemi: hanno viaggiato tanto ed ora si godono il meritato riposo, qui, al caldo, pronte ad entrare di nuovo in scena quando i loro servizi verranno richiesti. Ed anch'io dovrei fare così: riposarmi per bene, pensando a tutti i bambini che ho reso felici la scorsa notte con i regali che ho consegnato loro, e soprattutto pensando a come organizzarmi per l'anno prossimo: un anno è lungo, ma i regali da preparare sono tanti e non posso assolutamente permettermi di deludere i bambini: la loro gioia nel vedermi arrivare, sulla slitta, puntuale, ogni anno, è sufficiente a ripagarmi di tutto il mio lavoro.

Anzi è meglio che esca subito a cercare i folletti che mi aiutano di solito: sono dei bravi lavoratori, quando hanno preso il ritmo, ma sono anche tanto giocherelloni, e giocare a nascondino è ciò che li diverte di più!

CAPITOLO 1. RACCONTI

Capitolo 2

Comunicazione

2.1 Esiste la comunicazione?

Esiste la comunicazione? e se si, che cosa è la comunicazione?

L'esperienza di due persone che parlano tra di loro, è assai comune nella vita di ciascuno di noi, e senza dubbio siamo di fronte ad un esempio di comunicazione: del resto essendo noi delle persone questo è il caso che ci interessa maggiormente, anche se non è certamente l'unico.

Cerchiamo prima di tutto di individuare gli elementi caratteristici di questa situazione, in relazione al problema che ci siamo posti: si tratta di due persone, ma in realtà ciò che interessa a noi, per il momento, sono le loro *menti*; sono queste infatti che "comunicano", e questa affermazione non si può certo contraddire, non avendo noi definito né il significato di *comunicazione*, né quello di *mente*.

Del resto come in ogni esposizione è pur necessario partire da qualche punto fermo: il nostro punto di partenza dice che non sappiamo cosa è la comunicazione, non sappiamo cosa è una mente, ma siamo sicuri che le due cose sono collegate.

Potremmo dire che la comunicazione rappresenta una **interazione tra due menti**: una definizione molto semplice, solo 4 parole, ma che in realtà non vuol dire nulla nascondendo al suo interno tutta la complessità di ciò che il termine interazione e il termine mente possono rappresentare.

A ben guardare, in realtà, si può semplificare un po', dicendo che **comunicazione è interazione tra due**, anche senza specificare cosa sono i due elementi che interagiscono: eravamo partiti dall'esempio delle due persone che parlano, in quanto fa parte dell'esperienza comune, ma il fatto che siano persone a comunicare è ininfluente, ed ancora si può ridurre la nostra definizione dicendo che

comunicazione è interazione

non essendo rilevante il fatto che ad interagire siano 2 o più elementi. Non specifichiamo di quali elementi si tratti, prima di tutto perché, non appena ci abbiamo provato abbiamo tirato in campo un concetto molto più difficile da definire della comunicazione, e poi perché ci interessano le caratteristiche di questi elementi, più che il sapere con precisione di che elementi si tratta: e la caratteristica fondamentale degli elementi che comunicano è la capacità di interagire comprendendo ciò che viene comunicato.

In effetti, la mente che abbiamo fatto uscire dalla porta sembra rientrare dalla finestra in quanto una delle caratteristiche principali della mente, è proprio quella di interagire con il mondo esterno.

2.2 Legame comunicazione-mente

Sembra che non riusciamo a liberarci della mente volendo discutere di comunicazione: ma questi due concetti sono realmente legati assieme? Proviamo a separarli e ad esaminare il contesto che ne risulta.

Prendiamo ora in considerazione l'idea di una mente completamente isolata da qualsiasi elemento esterno a se stessa: tale entità si trova nella condizione di non avere alcuna informazione proveniente da una qualsivoglia fonte. Ci troviamo innanzitutto di fronte ad un primo limite della nostra immaginazione, in quanto un tale concetto, come è stato esposto, ci risulta impossibile da pensare, o per lo meno risulta tale all'autore: ad esempio, una qualsiasi cosa in un ambiente chiuso non soddisfa ai criteri esposti, in quanto si trova a percepire un confine oltre al quale non può andare, ma tale confine è pur sempre uno stimolo proveniente dall'esterno. Secondariamente, accettando l'esistenza di una tale entità, non saremmo mai in grado di verificarne l'esistenza in quanto tale verifica ci impone di osservarla, e quindi di entrare in relazione con essa[1].

Quindi possiamo dire che una mente isolata non può esistere, o che comunque, se esiste, non siamo in grado di verificarne l'esistenza[2].

La comunicazione si presenta quindi come un concetto strettamente legato al concetto di mente, o meglio rappresenta un mezzo esplicativo della stessa, **un prerequisito necessario allo sviluppo, e quindi alla presenza di una mente.**

E come la percezione della mente è condizionata dal mezzo, ovvero la comunicazione, che la rende manifesta al mondo esterno, così la comu-

---

[1]Vedi Heisenberg, il principio di indeterminazione: qualsiasi osservazione porta ad una perturbazione di ciò che viene osservato

[2]Dio potrebbe essere un esempio di mente di questo tipo: potremmo mai dimostrarne l'esistenza?

nicazione è influenzata dal mezzo usato per comunicare.

2.3 La comunicazione in relazione ai metodi di comunicazione

Parlare di comunicazione ha senso solo identificando il mezzo di comunicazione che si intende utilizzare: se non c'è il mezzo, non c'è comunicazione: questo fatto può considerarsi abbastanza intuitivo vedendo la comunicazione come un passaggio di informazioni tra due persone (continuiamo ad usare l'esempio delle "persone", anche se non è detto che la comunicazione non possa coinvolgere elementi diversi[3]).

Dunque, accettando una comunicazione in assenza di mezzo, si accetta che alcune informazioni presenti in una persona, ad un certo punto compaiano in un'altra persona, in maniera spontanea e senza alcun collegamento: può essere accettabile una ipotesi del genere? non rivoluziona la nostra

---

[3]si può avere una comunicazione anche tra animali o tra vegetali: vedi il bambu nero, che fiorisce una volta ogni secolo, nella primavera dello stesso anno in tutto il mondo: è questo un caso di comunicazione tra vegetali, o no? O anche tra cose non animate, salvo poi il fatto che tali informazioni non vengono interpretate: un computer può interpretare le informazioni che possiede?

concezione di comunicazione? non è assurda? Si
è assurda, ma forse è proprio questa l'essenza della comunicazione, che il mezzo è un puro accessorio, ed in più non sempre le informazioni che vengono comunicate, utilizzano ciò che appare come
il "mezzo di comunicazione" per passare da una
persona ad un'altra.

Quindi la comunicazione, pur essendo una cosa separata dal mezzo, ne è altamente influenzata:
se utilizzo il codice Morse, cercherò di limitare
il messaggio allo stretto necessario, cercando di
condensare il più possibile, se utilizzo una lettera userò un tono tendenzialmente più formale rispetto ad una telefonata: posso inserire una bat-
tuta che sarà probabilmente evitata nella lettera;
il mezzo influenza la comunicazione, ciascuno in
un modo diverso, e quindi si potranno individuare
dei mezzi di comunicazione particolarmente adatti a trattare un certo argomento, ma inadatti ad un
altro.

Vediamo alcuni mezzi che possono essere usati nella comunicazione, con le loro caratteristiche.

2.3.1 Discussione

La discussione consente uno scambio di idee tra
due o più persone, scambio che può essere impo-
stato ad un livello più o meno paritario, nel senso
che ci può o meno essere chi conduce la discus-

sione, ma in ogni caso è molto difficile che un colloquio proceda rigidamente a senso unico.

Anche se si tratta semplicemente di una persona che passa delle informazioni, questa ottiene un riscontro dall'interlocutore, e più in generale, anche in un rapporto tra insegnante e studente, l'insegnante si trova ad apprendere dallo studente delle informazioni di cui prima non era in possesso.

La prima caratteristica di una discussione è quindi la presenza di un **canale di comunicazione bidirezionale**.

Un'altra importante caratteristica di una discussione è la non rigidità della stessa: ci può essere una traccia guida che verrà seguita, ma la discussione è di per sé aperta a variazioni dipendenti dal contesto, in particolare ci possono essere approfondimenti non previsti in origine, chiarimenti richiesti al momento, spiegazioni saltate perché ritenute inutili. Questo si presta ad una forte **adattabilità**, ma anche alla possibilità del **travisamento** della discussione se ricordata a posteriori dai partecipanti alla stessa: la flessibilità della discussione è uno dei suoi punti di forza, ma forse anche il suo maggior punto debole.

Un'altro punto di forza, forse il maggiore, consiste nel fatto che la discussione prevede un rapporto personale tra gli interlocutori, e quindi lo scambio di parole è solo una parte del mezzo usato per comunicare, e non è detto che sia la più importante. Nel caso la discusione coinvolga elementi pratici (ad esempio l'esecuzione di una determinata manovra manuale), la dimostrazione pratica può essere molto più significativa di un qualsiasi discorso. E nello stesso tempo, dalla dimostrazione pratica, possono nascere una serie di problemi la cui spiegazione non era stata presa in considerazione, come pure divagazioni o considerazioni, che, pur non essendo strettamente correlate all'argomento in questione, ne possono rendere più comprensibili alcuni aspetti.

Uno dei maggiori limiti della discussione consiste nel fatto che per passare un messaggio, è necessaria la **presenza della persona che possiede il messaggio**, limitando così la velocità di trasmissione dello stesso.

2.3.2 Il libro

Nella discussione abbiamo quindi una interattività ed una immediatezza che dà una forte flessibilità alla comunicazione, e soprattutto la capacità di affrontare temi difficilmente comunicabili con altri mezzi, ma richiede la contemporanea presenza di entrambi gli interlocutori nello stesso luogo e nello stesso tempo.

Questo grosso limite viene ovviato dal "libro"; rispetto alla discussione consente di rendere indipendenti quelli che prima erano gli interlocutori, rende il messaggio diffondibile in maniera molto più facile, ma come mezzo di comunicazione ha una serie molto forte di limitazioni; si tratta di un canale a senso unico, da una fonte ad un destinatario generico, a cui manca essenzialmente qualsiasi riscontro, e si basa su un mezzo che può trasmettere solo parole ed immagini.

Rispetto alla discussione è un mezzo che passa una informazione molto più "distillata", o anche "meno immediata".

Questo può rappresentare un vantaggio per il contenuto del libro stesso in quanto l'autore è costretto a riflettere e probabilmente a chiarirsi egli stesso le idee; prima procedere a (de)scriverle, può riordinarle, rivederle, può dire "ehi, guarda un po' cosa ho scritto", e, quando l'interlocutore risponde "ma non hai mica niente di meglio da fare", buttare via tutto!

Questo è un processo che alla fine dovrebbe portare alla "distillazione" del messaggio, cioè a renderlo chiaro per tutti.

In realtà l'autore non potrà mai ottenere la chiarezza di un rapporto personale, soprattutto perché i propri interlocutori sono sconosciuti, e magari non hanno mai preso in considerazione i problemi esposti nel testo in questione, mentre l'autore potrebbe averci riflettuto per anni. Ed inoltre non è detto che, trattandosi di materiale scritto, di cui uno può dire "scripta manent", il messaggio sia privo di ambiguità.

Il libro è di per sé una struttura lineare che poco si presta alle divagazioni tipiche di una discussione: in questo caso deve essere il lettore che procede alle proprie divagazioni, ai collegamenti incrociati, alle associazioni. Questo è un limite del libro, ma anche una opportunità per il lettore, o forse una selezione naturale del lettore: solo se il lettore è sufficientemente interessato ed ha compreso il messaggio riesce a costruirsi i riferimenti mancanti. E dal punto di vista del lettore, questa fatica in più è sicuramente compensata da una migliore comprensione finale del tutto.

2.3.3 Internet

E dato che ormai siamo tutti in rete, e tutto è in rete, vediamo di individuare quali sono le caratteristiche di Internet come mezzo di comunicazione: storicamente Internet è nata come un meccanismo per coordinare il lavoro di più persone geograficamente dislocate in maniera tale da rendere impossibili incontri personali. La tipologia di comunicazione che internet doveva sostituire era quindi la "discussione", a cui manca però il rapporto personale, come nel libro, anche se a questo si può in parte supplire grazie alla velocità della comunicazione, per cui è possibile ottenere velocemente dei riscontri, e modificare velocemente la propria esposizione in funzione di questi.

2.4 Comunicazione/catalizzazione

La comunicazione è un catalizzatore!?!

L'idea del catalizzatore parte da due domande:

- è possibile "comunicare" con altre persone?

  SI (in fondo è una esperienza comune)

- date 2 persone che comunicano, il messaggio che viene trasmesso dalla prima persona alla seconda, è uguale a quello che la seconda percepisce?

  SI?? (questo è un si più incerto del precedente, come si può passare questo messaggio in un testo scritto?)

In realtà anche questo è un "si" perché un no renderebbe insensata tutta questa discussione, o almeno più insensata di quello che già è, però, date tutte le ambiguità che possono esistere nel linguaggio scritto-parlato-mimico-espressivo e qualsiasi altro tipo di linguaggio si voglia includere, anche un no potrebbe essere giustificato.

In fondo le idee passano da una persona all'altra, magari a volte vengono travisate, ma negare completamente la possibilità di comunicazione è abbastanza irreale. Quindi la risposta può essere un SI? (un po' meno incerto del precedente).

Andando un po' più sul pratico, posso pensare a parecchi casi[4] diversi in cui avviene una comunicazione corretta pur attraverso un mezzo altamente ambiguo:

Esempio 1: M. entra in laboratorio e chiede ad A. "dov'è il coso?" ed A. risponde coerentemente alla domanda. Non ha senso domandarsi cos'è "il coso": non è niente di particolare (se non una certa cosa) ma A. risponde sapendo in realtà cosa M. sta facendo in quel momento e cosa gli dovrebbe servire.

Esempio 2: G. e S. sono seduti in banchi vicini nell'aula di disegno e capita ogni tanto mentre si disegna, che uno dei due chieda all'altro "e questa linea quanto lunga la fai": nessuno dei due guarda cosa l'altro fa, ma la risposta è quasi sempre giusta; se si lavora sullo stesso disegno, è assai probabile che se S. ha un dubbio su qualcosa, G. lo abbia già avuto, o gli stia venendo, di certo

---

[4]avevo scritto "pensare ad n casi diversi"

se la linea fosse stata ben definita, S. non chiedeva niente, quindi in realtà l'ambito di risposta, apparentemente molto ampio, in un disegno ci sono un sacco di linee, è in realtà assai ridotto da condizioni al contorno[5].

Ma allora la risposta è SI! non ci sono più dubbi che si possa comunicare! Questa è una bella conclusione.

Resta il problema del conciliare l'ambiguità del mezzo di comunicazione con l'esattezza del messaggio che viene passato. Come mai il messaggio passa correttamente anche se il mezzo è ambiguo? L'idea per rispondere a questo è che noi ci troviamo a recepire un messaggio, e ciò che recepiamo dipende in (minima) parte dal mezzo ed in (gran) parte da altri fattori, fra cui in modo preponderante da ciò che sto pensando io in quel momento:

Esempio 1: se uno ti fa un bel discorso, magari anche interessante ed esposto chiaramente, ma stai pensando ad altro di certo non ti resterà nulla di ciò che ti viene detto.

Esempio 2: se ti viene esposta una cosa che non hai mai sentito dire prima la capirai con difficoltà mentre se ciò che ti viene detto è un qualcosa

---

[5]in entrambi i casi la domanda è presentata in forma altamente essenziale: l'essenzialità che può essere osservata in tali domande è strettamente collegata al discorso sulla catalizzazione

su cui hai lavorato personalmente, magari 10 anni prima, magari con evoluzioni del settore di cui non eri al corrente, è probabile che, pur essendoci dettagli a cui non hai mai pensato personalmente, tu lo capisca velocemente.

Quindi una comunicazione è veramente efficace quando la stessa riesce a stimolare alcune idee già presenti[6] nella testa dell'interlocutore, anche se magari si tratterà di idee che da solo non avrebbe elaborato fino alla fine.

Se ad esempio una persona è convinta che una cosa non si può fare, è molto difficile che la faccia anche se le viene spiegato esattamente come farla; prima deve convincersi che si può fare, e poi (forse) la fa.

In fondo è ciò che fanno i catalizzatori nelle reazioni chimiche: i componenti ci devono essere, ma serve un catalizzatore perché la reazione possa essere portata a termine.

In riferimento alla nota all'inizio di questo paragrafo, avevo usato "pensare ad n casi diversi" perché se si dice ad un matematico "n elementi",

---

[6]Una volta mi è stato chiesto di avvisare un cliente che stava arrivando la persona con cui aveva un appuntamento di lavoro: alla mia domanda "ma se arriva tra 10 minuti cosa serve che lo chiami adesso" mi ha risposto "così intanto si mette nell'ottica di idee che mi deve parlare e quando arrivo io è già pronto per la discussione". Devo dire che sul momento non avevo capito questa giustificazione!

questo capisce già che sono un certo numero, di solito grande, di elementi: stimolo con l'uso di questo termine un certo settore di conoscenze già presenti nell'interlocutore.

Conclusione: la comunicazione è un catalizzatore di idee!

Problema: ma allora tutti sanno tutto di tutto, basta stimolarli opportunamente?

2.5 La televisione

Anche la televisione è un canale di comunicazione, ma che dire? Cerchiamo di sdrammatizzare dandone una descrizione un po' diversa!

L'importanza di essere un tele(a)spettatore

Vogliamo qui presentare alcune riflessioni su un importante fenomeno del nostro tempo: la televisione. Questo mezzo di comunicazione, della cui potenza e diffusione nessuno dubita, ha rivoluzionato il modo di non pensare della gente. Prima del suo avvento le notizie viaggiavano lentamente e spesso tramite intermediari, cosicché ci si ritrovava nella piazza del paese a discutere solo di eventi più o meno locali; ora invece c'è la possibilità di seguire tutti gli eventi quotidiani in ambito mondiale.

Ma l'importanza della televisione non è solo la possibilità di comunicare in tempi brevissimi ciò che succede nel mondo: questo ci porterebbe subito ad essere subissati da una quantità ingestibile di notizie. La sua importanza sta nel fatto che è uno strumento che agisce da filtro, facendoci pervenire solo le notizie importanti, e, cosa ancora più inestimabile, è un filtro attivo, per cui assieme alla notizia abbiamo anche il commento alla stessa, in modo da sapere subito cosa dobbiamo pensare dei fatti che vediamo.

Questo non è per nulla un limite all'oggettività dell'informazione, in quanto rimane la possibilità di verificare su innumerevoli canali come ogni fatto ci viene presentato, e dobbiamo sentirci tranquilli al vedere che le informazioni che girano sono sempre le stesse, in quanto così siamo sicuri che esse siano effettivamente le più importanti e che i commenti che ci vengono forniti sono la vera interpretazione che dobbiamo dare ai fatti.

Ma la funzione della televisione non si ferma a questo: dopo che ci ha mostrato quali sono le cose importanti che dobbiamo vedere e cosa ne dobbiamo pensare, ci fornisce pure materiale con cui allenare la nostra mente presentandoci quei quiz, mai l'uno uguale all'altro, per cui, oltre a impararne le regole di gioco, ci si fa una cultura sulle cose importanti da sapere!

2.6 La Lettura

Leggere: un'azione che fa parte della natura umana, che ne ha sempre fatto parte, anche fin da prima che esistesse la scrittura. Leggere è sempre stato un desiderio dell'uomo, un atto che gli nasce spontaneo indipendentemente dal fatto che ci sia o meno qualcosa di scritto, e questa non è una contraddizione.

Noi siamo abituati ad associare il termine leggere ad un testo scritto, ma solo perché disponiamo di molti testi scritti da leggere, ma in realtà si può leggere qualsiasi cosa, e certo la fantasia dell'uomo non si è mai posta limiti in questo campo.

Si può leggere il cielo per capire che tempo farà domani, e c'è pure il vantaggio che il cielo è sempre disponibile, ovunque ci si trovi.

Si possono leggere le interiora degli uccelli, per cercare di capire le intenzioni degli dei: anche gli uccelli sono molto facili da trovare, ed in più a differenza del cielo, una volta letti, si possono trasformare in cibo.

Si possono leggere i fondi del caffè per trovare il proprio destino, ed in questo caso prima si gusta il caffè, e poi si pensa al destino; in fondo il caffè lo si gusta ora, il destino riguarda il futuro: bisogna sempre dare delle priorità alle cose!

Ma perché questo desiderio di lettura è così presente in ogni epoca? cosa ci dà la lettura di così importante?

La lettura è una finestra, ed in alcuni casi può diventare anche una porta, verso un mondo che ci è inizialmente precluso: il mondo di colui che è l'autore del messaggio che si cerca di leggere.

È così oggi come una volta, dalla lettura dei segni della natura siamo passati alla più prosaica lettura di un testo scritto, dal tentativo di comprendere il volere degli dei, al tentativo di comprendere cosa ci vuol dire un uomo come noi, ma profondamente diverso da noi.

Perché questo è ciò che il lettore cerca in un libro: la possibilità di dare un'occhiata ad una realtà diversa da quella che lui può sperimentare ogni giorno, un'occhiata che sarà inevitabilmente filtrata dagli occhi dell'autore, fatto che, oltre a non essere negativo, aggiunge valore all'esperienza stessa, che non è una fredda relazione tecnica, ma uno stralcio di vita vissuta.

Anzi, l'interesse nella lettura può risiedere proprio nella presenza di questo filtro, può risiedere non nell'aprire una finestra su un nuovo mondo, ma aprire sul nostro vecchio mondo, che conosciamo benissimo, una finestra con un diverso punto di vista.

In fondo Novecento, dopo essere vissuto a bordo di un piroscafo per tutta la vita, vuole scendere a terra perché "Devo vedere una cosa, laggiù",

"Quale cosa", "Il mare", "Sono trentadue anni che lo vedi, il mare, Novecento", "Da qui. Io lo voglio vedere da là. Non è la stessa cosa". (Novecento, A. Baricco)

E, come si intuisce, le potenzialità della lettura sono infinite: tantissime le esperienze che possono venirci comunicate, tantissimi i punti di vista attraverso cui osservarle, ma soprattutto è l'unico strumento che ci consente di "entrare" nella mente di uno sconosciuto, di partecipare e di condividere le sue emozioni. È una chiave che di sicuro vale la pena usare quanto più ci è possibile!

2.7 Chi è il traduttore?

Di certo porsi questa domanda in una newsletter per traduttori[7] è forse una pazzia, tutti sanno chi è e cosa fa un traduttore, lo si sa così bene che non è nemmeno un problema su cui valga la pena discutere. Però facciamolo lo stesso, discutiamone, ché ogni nuova idea nasce sempre dal mettere in dubbio qualcosa di perfettamente noto, conosciuto ed ovvio.

In fondo anche Galileo è partito dal mettere in discussione delle cose molto ben note ed assodate, cose su cui, per un millennio, la maggioranza delle persone non riteneva valesse la pena discutere, e dopo di lui Einstein è stato ancora più rivoluzionario, arrivando dubitare perfino del concetto di spazio e tempo che ciascuno di noi ha sempre avuto.

Facciamoci comunque accompagnare nelle nostre riflessioni da una personaggio poliedrico come Hofstadter, in particolare facendo riferimento ad un suo libro, "Le Ton beau de Marot: In Praise of the Music of Language", un testo che vale la pena leggere, sviluppato attorno ad un problema di traduzione: il testo di partenza è una breve poesiola di Marot, meno di 30 versi trisillabi, che rap-

---

[7]si, in effetti questo è un intervento che ho fatto nel gruppo Biblit, una comunità di internet frequentata da traduttori letterari, e non chiedetemi perché io seguissi tale gruppo.

presentano comunque una scusa più che sufficiente per introdurre ed affrontare molti dei problemi che un traduttore si trova davanti ogni giorno.

In effetti pensiamo al traduttore come a quella persona che ci rende comprensibili lingue a noi ignote, e il cui lavoro tanto migliore è quanto più invisibile risulta. In realtà la traduzione va ben oltre il passaggio da una lingua ad un'altra: Hofstadter infatti affronta temi che dalla "traduzione letterale" spaziano alla "traduzione dello stile", alla "traduzione spaziale/temporale", alla "traduzione" di un gioco (gli scacchi nel caso specifico) da una tavola di gioco quadrata ad una esagonale.

La traduzione in fondo è la migrazione di un concetto da un contesto ad un altro, mantenendo tutti, o più spesso solo alcuni, degli elementi originari dello stesso. Fra l'altro non è detto che tutto sia traducibile, a partire proprio dal testo di Hofstadter, scritto in inglese, ma contenente lavori in varie lingue.

È "una vera fucina di idee" per chi non vuole fermarsi solo ad una traduzione superficiale, e vuole esplorare concetti vecchi in modo nuovo: Hofstadter, D. R., Le Ton beau de Marot: In Praise of the Music of Language, Basic Books, 1997.

Capitolo 3

Il passato

3.1 Epicuro

Premetto che sono un ignorante di filosofia, e tutto sommato anche di storia della scienza: mi sono avvicinato al periodo ellenico dopo la lettura di "La Rivoluzione dimenticata" di L. Russo, in cui si parla della scienza del III secolo A.C. e da qui ho cercato di andare alle fonti, recuperando qualche autore del periodo per vedere cosa diceva.

In particolare, in Epicuro vi sono state varie cose che mi hanno colpito: prima di tutto alcuni elementi che mi fanno pensare a lui come una "mente scientifica", nel senso moderno del termine.

Epicuro sostiene la capacità dell'uomo di studiare la natura, con le sue sole forze, senza bisogno di andare in cerca di spiegazioni divine. Questo secondo me è la base di un approccio scientifico, base nel senso che fino a quando non si fa una affermazione del genere, non potrà mai nascere una scienza.

Epicuro poi, nel parlare delle sue teorie, cerca di partire dalla definizione dei termini che usa: anche questo è un approccio molto scientifico. Se vogliamo essere chiari dobbiamo dire chiaramente da cosa partiamo e cosa stiamo cercando di dire. L'utilizzo di un insieme di termini adatti a ciò che vogliamo dire, è sostanzialmente il precursore del concetto di modello.

A tutt'oggi il metodo scientifico consiste nel costruirsi una rappresentazione della realtà, studiarla, trarne delle conclusioni, verificare se le conclusioni sono sperimentalmente corrette, e se non lo sono cambiare il modello.

Anche l'idea degli atomi è chiaramente un modello che cerca di spiegare la natura: non aveva modo di "vedere" questi atomi: in fondo anche noi abbiamo dei modelli da cui traiamo delle conseguenze, e la verità del modello la deduciamo dalla esatta verifica delle conseguenze dello stesso; ma a mio avviso il punto fondamentale delle idee di Epicuro, più che i vari modelli da lui proposti, è il concetto di metodo.

Oggi attribuiamo la nascita del metodo scientifico a Galilei, ma in realtà quella non è una nascita, ma una rinascita: il metodo scientifico, nato nel III secolo A.C. è stato ucciso sul nascere, ma le basi di partenza c'erano tutte.

Fra l'altro mi ha colpito molto il fatto che delle 300 opere di Epicuro ci sono pervenute solo qualche lettera e pochi frammenti, le opere più divulgative: è come se, fra mille anni, vedendo Quark, i nostri posteri volessero farsi un'idea della nostra fisica nucleare moderna: vedrebbero tante ipotesi ma certamente non vedrebbero la parte sperimentale che sta dietro a quei modelli.

Certo, Epicuro ed i suoi contemporanei non avevano gli stumenti che abbiamo oggi, ma hanno iniziato il cammino nella giusta direzione, e io considero molto importante l'aver affrontato il problema con un metodo corretto (o almeno che noi consideriamo corretto, perché in fondo è quello che usiamo): se c'è il metodo, si fanno ipotesi, giuste o sbagliate, e poi si cerca di eliminare le ipotesi sbagliate, e migliorare quelle giuste, e questo non è una cosa che farà il singolo autore, ma verrà portata avanti per generazioni. In fondo da Galilei ad oggi sono passati 400 anni, ed ogni scienziato ha dato il suo contributo, e pure Galilei ha preso qualche cantonata, ma la ritengo inevitabile in ogni ricerca scientifica.

3.2 Lucrezio

Raccolgo alcuni spunti relativi al "De Rerum Naturae", che ho letto solo parzialmente e ponendo particolare attenzione alla parte scientifica dell'opera: in particolare sono interessato alla storia della scienza del periodo Ellenistico (e dintorni): il materiale originale sopravvissuto non è molto, e spesso ci si deve riferire ad opere posteriori che ne rappresentano sintesi, o interpretazioni, o rimaneggiamenti.

La mia lettura di Lucrezio si propone di individuare gli elementi scientifici delle teorie che Lucrezio descrive, e questa lettura viene fatta da una persona ignorante della cultura latina, ovvero con i ricordi del Liceo: osservo un interesse del commentatore dell'edizione in mio possesso (Francesco Giancotti) per la parte stilistica: da un veloce confronto sulle dimensioni delle note, si vede come l'introduzione dell'opera venga molto commentata, mentre la quantità di note diminuisce quando si entra nel dunque, cioè nella esposizione delle teorie scientifiche, dell'opera. Non che questo voglia dire molto, ma mi ha colpito.

Evidenzio esclusivamente i punti di mio interesse, senza aver la pretesa di organicità, con l'aggiunta di qualche osservazione.

3.2.1 Introduzione

Nell'introduzione (vv. 1-49) al libro, c'è una invocazione a Venere e Marte, principio costruttore e distruttore.

Segue (vv. 50-79) una rapida esposizione del contenuto dell'opera: si tratta della descrizione delle teorie di Epicuro, "Graius homo", il quale si è spinto con il suo intelletto a comprendere la natura liberandosi dalle varie superstizioni che annebbiano la mente dell'uomo; l'opera descrive quindi i "semina rerum", o "corpora prima", i principi da cui tutto deriva.

Ciò che quindi è evidenziato è la capacità dell'uomo di comprendere la natura, osservandola, studiandola e carpendone i segreti, senza invocare cause misteriose in dei o miti vari.

La natura viene osservata, e dalle osservazioni vengono dedotti fatti o modelli di ciò che sta alla base della natura: è il metodo moderno della scienza: studiare i fenomeni, costruire modelli, fare previsioni, verificare tali previsioni; anche se nessuno vede gli elettroni, se ne fa un modello, se ne traggono delle conseguenze, e si verificano le conseguenze.

Si avvisa (vv. 80-101) comunque il lettore di non temere di essere posti su una via empia, perché in realtà, è la via degli dei che porta a compiere empietà, come il sacrificio di Ifianassa

(Ifigenia, figlia di Agamennone), sacrificata dal padre per placare gli dei.

Evidentemente in ogni periodo chi cerca di utilizzare la propria mente per guardare e capire le cose viene accusato di empietà, in quanto è più facile screditarlo in questo modo che screditarne le teorie, cosa assai più ardua. Inoltre la presenza di una persona capace di pensare, esaminare, trarre conclusioni, è sempre pericolosa per lo stato costituito, ed è sempre vista malvolentieri.

Infine (vv. 136-145) un avviso sulla difficoltà di esporre una teoria greca in latino, lingua in cui mancano i termini, mancanza a cui l'autore deve in qualche modo supplire.

L'uomo greco — uno scienziato?

Gli elementi che colpiscono in questa prima parte sono l'atteggiamento di Epicuro verso la natura: si tratta di una persona che **osserva, riflette, e costruisce i suoi modelli di interpretazione della natura**, ponendosi come prima cosa in contrasto con la religione. Abbiamo quindi un atteggiamento "scientifico", del tipo di quello di Galileo (e guarda caso ha pure lui problemi con la Chiesa).

Si parla di "semina rerum" o "corpora prima" indicando ciò che noi del XX/I secolo saremmo portati a identificare con gli atomi: saranno la stessa cosa o no gli oggetti a cui pensava Epicuro e quelli a cui pensiamo noi?

Vengono alla mente due riflessioni:

- Lucrezio si propone di (de)scrivere la teoria di Epicuro in maniera accessibile a più persone, è un'opera divulgativa, ed infatti è giunta fino a noi, mentre le opere più tecniche di Epicuro sono andate perse: probabilmente erano troppo tecniche per essere comprese, e quindi tramandate. Quindi Lucrezio può benissimo aver dato delle descrizioni qualitative, la punta dell'iceberg di ciò che pensava Epicuro.

- Se vogliamo sapere se i nostri atomi sono gli stessi a cui pensava Epicuro, dovremmo prima chiarirci cosa intendiamo noi per atomo: quella cosa con un nucleo, attorno al quale ci girano degli elettroni, che sono qualcosa che gira intorno al nucleo, ma non sono proprio un oggetto come noi lo possiamo immaginare, infatti possono essere un po' qua, un po' là, anzi li possiamo descrivere con una funzione che ci dà la probabilità di trovarli in un posto, oppure possiamo pensarli come una nuvola che sta attorno al nucleo ...

Insomma parliamo di elettroni, abbiamo dei modelli che ne descrivono i comportamenti, ma se dobbiamo immaginarceli sono problemi.

Scienza e religione

Il contrasto tra scienza e religione è un tema molto moderno, ma anche molto antico: sia la scienza, che la religione, usati alla cieca, senza cioè pensare a quello che si fa, portano a compiere delle nefandezze: Lucrezio porta ad esempio il sacrificio di Ifigenia, ma gli esempi potrebbero essere molti. Il problema non è il dominio della scienza o della religione, ma l'utilizzo delle proprie capacità intellettive, cosa che certamente Epicuro mette in pratica, rendendosi però pericoloso presso chi preferisce che la gente non pensi troppo.

La lingua

Il problema della lingua è evidenziato subito da Lucrezio, cioè come esporre in latino una teoria greca, senza averne i termini appropriati.

Problema tipico nella comunicazione di una teoria, o più in generale di una scienza: oltre al fatto che mancano i termini, cosa che si potrebbe facilmente ovviare intoducendone di nuovi, o traslitterando quelli della lingua madre, il problema principale è che si vuol comunicare qualcosa di una cultura estranea. Oltre a mancare i termini, manca tutto il contorno culturale in cui quella teoria è nata, e questa è una cosa molto più difficile, se non impossibile, da ricreare. Sostanzialmente Lucrezio è ben conscio che sta esponendo una teoria nata in un ambiente culturalmente molto più dinamico ed aperto del suo, ambiente che ora non è più presente.

Ricordiamo che Epicuro pare abbia scritto sui 300 testi, e Lucrezio si propone di fare una sintesi divulgativa di tali teorie.

3.3 Il Secondo Medioevo

Un confronto tra eventi storici lontani, ma che forse presentano qualche analogia: la situazione in cui l'impero romano è nato, si è sviluppato ed espanso e la situazione internazionale attuale.

L'Impero Romano fa fondamentalmente parte del nostro, nel senso di italiano, passato, ma come spesso succede l'essere all'interno di un ambiente o di un particolare contesto non aiuta a vedere le cose chiaramente ed obiettivamente: questo può essere dovuto a malafede, ma anche a semplice difficoltà di astrazione, fatto poi complicato dall'analizzare la storia attraverso tantissimi filtri interposti tra noi e gli eventi, filtri che possono essere stati interposti sia per motivi fisiologici che per "giustificare" in maniera mirata determinati fatti od eventi.

3.3.1 Periodo Ellenistico

Premettiamo anche alcune considerazioni relative alla situazione internazionale del III secolo Avanti Cristo, ovvero il periodo Ellenistico: diciamo innanzitutto che tale periodo viene, dalla storiografia ufficiale, abbastanza trascurato, come puro periodo di transizione tra periodo greco e periodo romano, dove il periodo romano rappresenta l'evoluzione in senso positivo degli eventi - dato che la storia non può che essere un procedere in meglio...

Ma qual'era la situazione nel periodo ellenistico? Abbiamo la presenza di una società, quella greca, che si è dedicata per anni allo sviluppo della scienza di base, una società (quella egizia) che per anni (o anche millenni) si è dedicata alle applicazioni pratiche della scienza, geometria in particolare, ed un condottiero, Alessandro Magno, che ha messo in comunicazione queste realtà (diciamo così a grandi – molto grandi linee, in maniera molto, molto semplificata anche perché non sono uno storico).

In conclusione nel III secolo Avanti Cristo si è avuto uno sviluppo della scienza e della tecnica che è arrivato a livelli incredibili: basti pensare al faro di Alessandria, al colosso di Rodi, ma anche a scoperte più recenti, come il reperto di Antichitera: un meccanismo ad ingranaggi che presuppone una capacità di lavorazioni meccaniche di precisione che non si pensava fosse mai stata raggiunta in quel periodo.

È interessante osservare che tali capacità non possono essere frutto di un singolo "genio", ma deve essere il prodotto, magari anche di punta, ma di una serie di infrastrutture presenti: è sostanzialmente il clima internazionale che ha consentito agli scienziati di sviluppare le loro teorie e le conseguenti applicazioni pratiche, un periodo in cui c'era una relativa tranquillità politica e dei governi, come quello egiziano, che garantivano risorse alla scienza. La presenza della biblioteca di Alessandria è infatti stata un catalizzatore enorme di conoscenze scientifiche, per la sua capacità di attirare scienziati: già Eratostene aveva misurato il diametro della terra, o la distanza Alessandria-Roma con ottima precisione.

3.3.2 L'impero Romano

Questa evoluzione è stata bloccata dall'espansione dell'Impero Romano, un sistema militarizzato il cui scopo era la conquista dei vicini per allargarsi sempre più, ma il suo punto di forza era la capacità organizzativa militare: elementi come il supporto della scienza e della ricerca erano completamente ignorati. Questo ha portato ad affidarsi, per la parte scientifica, al mondo ellenistico, assorbendo qualcosa, ma senza supportare, o far nulla per sviluppare ulteriormente i livelli raggiunti dalla scienza.

Il risultato è stato un "andare avanti per inerzia": vi sono analisi sulla gittata delle catapulte dalle quali risulta che, dai primi tempi dell'impero romano al medioevo, tale gittata è andata diminuendo: cosa significa? Le catapulte venivano costruite per imitazione del modello precedente:

c'erano stati degli studi di macchine, leve, efficienza e così via, che però dai romani non sono mai stati sviluppati, per cui la teoria si è persa, e la pratica, un po' alla volta ha portato a macchine sempre più inefficienti, e questo nonostante le macchine da guerra fossero di interesse per i romani. Altro esempio sono gli acquedotti, di cui abbiamo testimonianze archeologiche ancora oggi: gli acquedotti romani di solito superavano i dislivelli con viadotti, mentre vi sono testimonianze di condotte forzate del periodo ellenistico, progettate per superare dislivelli anche di 200 metri senza viadotto, cioè la condotta doveva essere in grado di sopportare una pressione di 20 atmosfere: un risultato ingegneristico notevole, soprattutto considerato che i greci vengono considerati solo "teorici" mentre i romani dovrebbero essere stati bravi "ingegneri". In effetti le capacità tecniche si possono esplicare al loro massimo solo se supportate da una buona teoria.

3.3.3 Cosa succede oggi?

Date queste premesse, molto veloci, incomplete, e molto "di massima" (consiglio Lucio Russo, "La rivoluzione dimenticata" per una panoramica molto più competente della mia), quali analogie possiamo trarre con la situazione internazionale attuale?

Al giorno d'oggi stiamo assistendo ad un abbandono della ricerca, in particolare vista come ricerca teorica; d'altro canto una ricerca applicata, alla fin fine non è una ricerca, è solo una applicazione di qualcosa. In Italia questo è evidente ormai da anni, ma purtroppo l'Italia non è sola; in matematica e fisica teorica i russi sono sempre stati considerati fortissimi, ma ora anche in Russia c'è un calo da questo punto di vista. Gli Stati Uniti sono sempre stati forti nell'importare cervelli da altri paesi e dare loro risorse per le applicazioni pratiche della scienza teorica.

Ora però che i serbatoi classici di cervelli si stanno svuotando, la tecnologia potrà andare avanti per anni per inerzia, ma senza l'apporto di teorie di base, non vi è futuro. Si continua per un po' a fare applicazioni nuove, a raffinare vechie teorie, a studiare sviluppi nuovi di vecchie teorie, ma prima o poi non c'è più niente da sviluppare, ed il grosso problema è che va persa la capacità dello studio teorico.

Se si dà per scontata la teoria e la si studia solo quel poco che serve per farne delle applicazioni, lentamente la conoscenza teorica va persa, anzi, le teorie già sviluppate risulteranno incomprensibili, come incomprensibili erano le teorie greche nel medioevo europeo. Concetti come il fatto che la terra è rotonda, ovvi nel III secolo AC, hanno dovuto essere riscoperti e riaffermati con molta fatica e molte lotte.

Dunque, il paese a cui oggi si pensa per antonomasia quando di parla di alta tecnologia è gli Stati Uniti, la cui politica è però più interessata ad espandere la propria sfera di influenza, con ogni mezzo possibile, lasciando ad altri problemi come lo sviluppo della scienza teorica e della ricerca, che però ha bisogno di risorse, altrimenti morirà.

3.3.4 Cosa succederà domani?

Ma allora qual'è la tendenza: chi ha molte risorse, come gli USA, le usa per espandere la sua influenza, chi ne ha un po' meno come l'Europa inizia a tagliare dalla ricerca: l'unica possibilità per il futuro, perché non tutte le conoscenze attuali vadano perse, sta nell'oriente, India e Cina. Già ora molti degli "scienziati" americani sono di provenienza orientale: se i loro paesi gli dedicano delle risorse, loro ci mettono i cervelli, ed assisteremo al passaggio di consegne da occidente ad oriente, come del resto era avvenuto durante il medioevo europeo: molte opere scientifiche greche sono giunte a noi tramite il mondo arabo, anche se purtroppo solo una minima parte dei risultati raggiunti ci sono stati tramandati: speriamo che questa volta il passaggio di consegne avvenga con perdite minori, e soprattutto che il medioevo occidentale sia più breve del precedente.

Capitolo 4

Il nostro oggi

4.1 Il fondamento delle azioni

Spesso nell'agire quotidiano si cerca di avere un principio guida per le nostre scelte, ed una tendenza molto forte è quella di costruirsi un insieme di regole e principi guida da applicare poi in pratica. Questo è un passo inevitabile per la nostra mente, come pure inevitabile è il cercare di individuare qualche insieme di regole esterne ed attenersi a quelle: situazione tipica in un contesto religioso è l'utilizzo di un qualche testo di riferimento, come può essere la Bibbia per i cristiani.

Da una parte questo approccio semplifica il nostro lavoro di "libera scelta", avendo un punto di riferimento rispetto al quale operare, però si rischia di sostituire ai principi guida, la guida in sè, ovvero di ritenere più importante la guida rispetto ai principi che la guida cerca di esporre.

Soprattutto in un contesto in cui il contenuto della guida è molto ricco, il grande pericolo è quello di perdersi tra i cavilli delle norme particolari, e perdere di vista l'uomo, la sua vita e tutto ciò che vi sta attorno.

Fondamentale è il riconoscimento dei principi guida ed il loro valore (come ad esempio solidarietà, aiuto reciproco) ma riconoscerne anche il loro valore intrinseco: un valore che essendo fondamentale è stato riconosciuto anche da molti pensatori, filosofi, testi religiosi, consci che dal loro valore deriva il valore di tali testi, e non viceversa!

4.2 Free Economy

Il mondo del software ha subito, anzi sta vivendo in questo momento, una fortissima evoluzione, e non solo dal punto di vista tecnico, relativamente alle potenzialità ora resesi disponibili.

Anzi, possiamo pure dire che questa parte dell'evoluzione è la più scontata: le possibilità e la velocità di elaborazione offerta dall'hardware è cresciuta in maniera incredibile dalla comparsa degli elaboratori elettronici ad oggi, e da questo punto di vista il mondo del software se ne è avvantaggiato di riflesso.

Ma è da un'altro punto di vista che il software ha introdotto delle idee che almeno a prima vista sono molto rivoluzionarie.

Storicamente, nel primo periodo della storia dell'informatica, le società vendevano l'hardware, stiamo parlando di quei calcolatori che occupavano una stanza intera, mentre il software era un accessorio, anzi spesso il software era completamente a carico dell'utente, che comunque in questo contesto era esclusivamente un grande laboratorio di ricerca, che, assieme all'acquisto della macchina, prevedeva la presenza di alcuni tecnici dedicati esclusivamente alla cura ed al funzionamento della stessa.

Al diminuire del prezzo dell'hardware, all'aumentare della sua disponibilità e all'aumentare del bacino d'utenza, ci si è resi conto che oltre al computer, bisogna avere anche del software che consenta di utilizzarlo in maniera efficiente, e poiché il software diventa un'esigenza del cliente, con la nascita del bisogno, nasce anche chi è disposto a soddisfare tale bisogno, ovviamente a pagamento. In questo caso assistiamo cioè alla nascita delle software house.

Ma facciamo una piccola parentesi di carattere economico: questo non è certo il mio campo, comunque una delle cose che ricordo dai miei esami di economia è il concetto che il prezzo di un prodotto, nel caso di un mercato ideale, cioè senza monopoli, od inteventi che vadano a modificare le leggi del mercato concorrenziale, tende ad avvicinarsi al suo costo di produzione netto.

Mi spiego con un esempio: per costruire un'automobile è necessario uno studio, un progetto, la realizzazione di prototipi ed infine di una catena di montaggio per il prodotto finale. Il prezzo dell'auto tenderà ad avvicinarsi al costo di produzione della vettura, cioè al costo dei componenti e della gestione della catena di montaggio, per questo è necessario ammortizzare nel primo periodo dopo il lancio del prodotto i costi iniziali di ricerca e sviluppo.

Ma nel caso del software, qual'è questo costo ideale a cui il prodotto dovrà tendere a regime?

Il risultato che ne esce è un po' sconcertante, in quanto tale valore è 0! Il costo di "produzione" in questo caso è il costo di duplicazione e distribuzione: oggi, con internet come canale distributivo, siamo molto vicini ad un costo nullo.

Ma allora qual'è la funzione delle Software House, e di chi vorrebbe vivere lavorando nel mondo dell'informatica? Ovviamente se qualcuno lavora, vuole anche essere pagato, non per cattiveria, ma molto spesso perché con lo stipendio ci deve vivere!

Questa è la principale obiezione che viene fatta al Software Libero: è bello, è comodo, è utile, ma da dove vien fuori il guadagno di chi lavora?

Vediamo un po' quali sono le idee di questo nuovo e rivoluzionario modello economico: una volta che ho fatto un lavoro e prodotto un programma, lo rendo disponibile a tutti, con il codice sorgente, e autorizzo chiunque a prenderlo, modificarlo, aggiungere funzionalità, purché il prodotto resti libero.

In fondo questo rispetta uno dei principi economici relativamente al prezzo finale di un prodotto: il costo della duplicazione e distribuzione è zero, per cui non sto violando nessuna legge dell'economia classica: il motivo per cui ciò crea tanto scandalo tra i manager esperti di economia è che di solito nello studio dell'economia vi è l'assunto implicito che vi sono delle leggi di mercato, ma queste leggi devono essere tali da farmi guadagnare il più possibile, altrimenti cambio le leggi!

Tornando al nostro programmatore, che comunque deve vivere del suo lavoro come si concilia il free software e lo stipendio di fine mese?

Il lavoro del programmatore va pagato (e lo dico perché sono un programmatore anch'io) ed è corretto, ma una volta ottenuto il risultato questo può benissimo essere messo a disposizione di chi ne abbia bisogno.

Il fatto che il software sia disponibile gratuitamente non porterà mai il programmatore alla disoccupazione: le esigenze delle persone e delle ditte sono spesso molto simili tra di loro, ma mai uguali! Anche con migliaia di prodotti disponibili gratuitamente, chi ha bisogno di una particolare soluzione al suo problema si rivolgerà comunque ad un programmatore, vuoi perché questo gli trovi il prodotto giusto, vuoi perché c'è un prodotto "quasi perfetto" a cui bisogna applicare qualche piccola modifica, vuoi perché esistono prodotti che risolvono parti del problema e bisogna integrarli tra di loro.

In quest'ottica si ottiene un bel risparmio globale, in quanto non è necessario partire ogni volta da zero per scrivere il programma che ci serve: si prende quello che c'è, lo si modifica e si restituisce il tutto, oltre che al cliente, anche alla comunità: questo è un risparmio per il programmatore, che non deve riscoprire l'acqua calda ogni volta, ma anche per il cliente: il costo del prodotto che gli serviva, sviluppato da zero, sarebbe stato enormemente maggiore: parte di tale costo è stato abbonato dall'uso di software libero, ed in cambio di questo sconto si rende libero anche il risultato finale del lavoro.

Inoltre, anche essendo disponibile un prodotto perfetto, vi sono comunque esigenze di installazione, manutenzione, aggiornamento: se una persona è in grado di fare tutto da sè, tanto di guadagnato, ma se ha bisogno di assistenza tecnica, anche questo è un servizio che può essere abbinato ad un prodotto di software libero e fatto pagare.

Altra fonte di reddito abbinabile a questo tipo di software è la distribuzione e manualistica: Linux è software libero, ma vi sono società che si occupano di prendere i programmi, metterli assieme, inscatolarli, offrirli su CD, con manuali ed eventualmente assistenza: tutte attività più che compatibili con il software libero.

4.3 Il Mantello dei Poveri

Ho letto il libro "Il mantello dei poveri", relativo all'esperienza del Saint Martin, di Ans Van Keulen e Gabriele Pipinato, e riporto qualche riflessione, non sul libro in particolare, ma sull'idea di condivisione su cui sia il libro che Atantemani, http://www.atantemani.org/ punta molto.

In particolare c'è una domanda che ho notato ricorrere spesso negli incontri con chi ha avuto modo di vivere l'esperienza del Saint Martin, e cioè come applicare qui, nel mondo in cui noi viviamo i principi della comunità e condivisione che là in Kenya hanno avuto così successo.

Il Saint Martin è infatti un esempio pratico di cosa si può fare con un approccio concreto alla condivisione, un approccio che è partito da uno spirito missionario "tradizionale", a cui don Gabriele ha saputo dare un significato in più, e a mio avviso più aderente allo spirito del Vangelo.

Non è raro infatti sentir parlare di attività missionarie a favore di persone cattoliche sfortunate, e se una persona non è cattolica, ci si occupa di aiutare qualcun'altro di più conforme ai nostri parametri di bisognoso! E soprattutto vige in molte situazioni l'idea di "andare ad aiutare gli altri ... noi che abbiamo tanto e non abbiamo bisogno di nulla".

Fortunatamente nel Saint Martin non sono presenti pregiudizi di carattere religioso, dato che vengono accolte esperienze religiose diverse, nello spirito della reciproca accettazione ed accoglienza, ma soprattutto la forza del Saint Martin è, a mio avviso, il mettere al centro dell'attenzione, anzi di avere come perno d'azione l'idea di collaborazione, condivizione e crescita comune, non del bisognoso che riceve dal donatore, ma di tutti assieme indistintamente che condividono ciò che hanno.

La forza del Saint Martin sta nel concentrarsi sulle persone, tutte le persone, perché assieme si può crescere, ed eventualmente seguire un percorso di fede che avrà comunque posto delle radici su esperienze concrete e comuni, ma che sarà inevitabilmente personale: la scelta finale di fede spetterà comunque alla singola persona e alla sua coscienza, cosa fra l'altro affermata dalla Chiesa stessa (vedi la Gaudium et Spes).

Ma tornando alla domanda iniziale riguardante il problema di come applicare i concetti di condivisione nel nostro quotidiano in cui viviamo, mi è venuto spontaneo fare un paragone tra il concetto di comunità e condivisione esposto e realizzato nel Saint Martin, e il concetto di Free Software esposto da R. Stallman un po' di anni fa, e realizzato da una comunità di programmatori sparsi in giro per il mondo.

Ma cos'è il Free Software (si veda anche il sito http://www.fsf.org/) detto in due parole? caratteristiche fondamentali del software libero sono:

- il fatto di essere liberamente usabile da tutti

- il fatto che chiunque può studiarlo

- il fatto che chiunque può modificarlo

- il fatto che chiunque può condividerlo con gli altri

Spesso il Free Software viene visto come il software gratuito, ma questa è la cosa meno importante.

L'elemento fondamentale del Free Software è che esso contribuisce alla crescita di ogni componente della comunità, in quanto ognuno mette a disposizione le sue competenze per realizzare qualcosa che poi condivide con altri ed ognuno può vedere e studiare il funzionamento del software, usarlo, e poi magari dare un suo piccolo contributo alla comunità.

Questo clima di condivisione porta ad una crescita di tutti: se ho una informazione e la condivido con te, e viceversa tu fai con me, alla fine avremo ciascuno 2 informazioni, e le conoscenze crescono per tutti.

Questo desiderio di far crescere le conoscenze proprie/altrui non è un astratto amore per la conoscenza fine a se stessa: "conoscere" significa avere delle competenze in più, competenze che posso usare per guadagnarmi da vivere.

Il Free Software inoltre ha una enorme valenza sociale, dato che si pone come alternativa al software proprietario: se ho 1000E da spendere e li uso per acquistare una licenza software, questi soldi andranno ad una azienda (probabilmente estera), e dopo un anno mi ritrovo senza nulla.

Se uso un Free Software e quei 1000E risparmiati in licenza li uso in formazione del personale, il personale ha una opportunità di crescita e le competenze resteranno nel territorio.

Questo è particolarmente vero anche nei paesi del terzo mondo dove fornire la possibilità di utilizzare software di questo tipo, può voler dire dare anche una opportunità di lavoro in più: molti paesi usano software proprietario, ma molti stanno passando al software libero, è un mondo in evoluzione, ed è un mondo globale!

Vi sono progetti di localizzazione del software in swahili: quando mai un'azienda butta via dei soldi per tradurre il proprio software in swahili? qual'è il bacino d'utenza? minimo, o forse non è minimo, ma sono persone che non hanno soldi, per cui li si ignora.

Un progetto di localizzazione in swahili invece significa che vi saranno dei computer usabili anche da persone che non conoscono l'inglese, ma solo lo swahili, e così avranno modo di accedere a informazioni che prima non avevano, e avranno modo di far sentire la loro voce se vi sono dei problemi, non semplicemente aspettare che qualcuno di buon cuore vada lì ad aiutarli!

La disponibilità di accedere o meno ad attrezzature informatiche può essere una risorsa non da poco: se il problema è la fame, si possono inviare aiuti per un po', ma solo se si danno le informazioni per guadagnarsi da mangiare si risolve il problema.

Si tratta di due settori completamente diversi, il mondo del Saint Martin e il Software Libero, forse un paragone è azzardato, però sono due esperienze che alla fine hanno qualcosa in comune: lo spirito di comunità e lo spirito di condivisione dove non c'è il maestro e lo studente, il benestante e il bisognoso, ma un gruppo di persone che lavora assieme per la crescita comune di tutti.

4.4 L'attualità dell'Antigone

Una considerazione dettata dalla lettura di un articolo su Famiglia Cristiana (3/6/2007, n.22 - pagina 78 - Il teologo, a cura di Luigi Lorenzetti): questa è una mia riflessione, basata sulle frasi che riporto, che ovviamente non sono l'intero articolo - leggetelo per farvi un'idea completa.

Leggo nell'articolo quella che l'autore riassume come tesi del documentario "Sex and Crimes in Vatican", ovvero: "l'autorità ecclesiastica viene a conoscenza dei crimini, ma li nasconde", tesi che l'autore dell'articolo non condivide.

Leggo più avanti nello stesso articolo: "Se condurre una causa giudiziaria in modo da evitare lo scandalo, non è un dovere per questi pseudo informatori, per la Chiesa lo è, e a questa procedura intende attenersi".

Questo mi ha fatto ripensare all'Antigone, ed al problema del rapporto tra legge divina e legge umana: da quello che io capisco dalla lettura dell'articolo, l'autore nega che scopo della Chiesa sia nascondere dei crimini, ma ritiene che sia diritto della Chiesa gestire, giudicare e correggere comportamenti che secondo la legge civile sono reato, e dovrebbero essere giudicati da tribunali civili.

Forse non ho capito il senso dell'articolo, ma se è questo, mi pare che vi siano parecchie cose su cui riflettere, a partire da quell'evangelico "date a Cesare quel che è di Cesare".

4.5 Cos'è la libertà?

È un tema interessante, perché vi possono essere molti tipi di libertà, e ciascuno chiama in gioco la Libertà per difendere la propria libertà.

Leggo in un articolo sul Corriere una frase di V. Messori a proposito del cilicio:

> "Davvero non capisco. Oggi c'è una sacralità addirittura feticistica per la libertà totale e di chiunque, perché mai chi è esterno all'ascetica cristiana dovrebbe occuparsene o indignarsi? Per dire, ma se io stanotte mi flagellassi a lei importerebbe qualcosa?".

È interessante la posizione "ma se io stanotte mi flagellassi a lei importerebbe qualcosa?": per me Messori può fare ciò che gli pare, però vi sono molte altre persone a cui io attribuisco il diritto di fare ciò che gli pare, ovviamente nei limiti del rispetto degli altri e della libertà degli altri.

Però questo è un punto dolente ... sento spesso posizioni che contraddicono quanto detto da Messori, sento spesso dire che vi sono dei principi fondamentali per il cui rispetto si deve lottare anche contro la volontà dell'interessato, anche quando il desiderio dell'interessato non viola i diritti di nessuno, non vuole imporre niente agli altri ma solo vivere (o morire) nella sua stanza.

Se non faccio del male a nessuno, perché non posso agire secondo i miei principi e desideri? Se non faccio male a nessuno, perché mi si dice come comportarmi? Su questo concordo con Messori.

Libertà e Obbligo

Il concetto dell'"obbligo" o del "dovere" è visto come un grande valore che sta sopra di noi e che ci guida nelle nostre azioni.

Spesso questo che noi indichiamo come obbligo derivatoci da qualcosa di più grande è solo una giustificazione che cerchiamo, coscientemente o anche inconsciamente (o forse incoscientemente) per fare ciò che ci interessa.

Insomma a volte uno punta la luna col dito per mostrarla a qualcuno e questo guarda il dito, a volte c'è chi cammina guardando la luna o le stelle e non guarda cosa si trova sotto i suoi piedi e cosa sta pestando, il tutto nella massima convinzione di essere nel giusto.

Forse la persona libera è quella che la società definisce pazzo, perché se uno agisce sotto determinate motivi/costrizioni, non è libero, ma se agisce senza ragioni è difficile da distinguere dal pazzo.

4.6   Motore d'Azione

Ogni giorno ci troviamo a dover operare qualche scelta e a dover scegliere come agire: non c'è alcuna possibilità di evitare questo, dato che anche il non agire è il risultato di una scelta, e porta le sue conseguenze. Ma in fondo questo è VIVERE, ovvero agire in qualche modo nell'ambiente che ci circonda, e dato che ogni azione porta delle conseguenze, ci si chiede spesso quali sono i motivi e i principi da seguire nel dirigere i nostri atti.

A questo punto ognuno può trovare le motivazioni più varie, siano esse motivazioni personali, o derivanti da influenze esterne: entrambe le origini possono essere tali da motivare profondamente una persona, ma mentre uno stimolo esterno può venir meno, una motivazione trovata in se stessi sarà molto più forte.

Spesso però, indipendentemente dalla motivazione, si è portati a chiedersi: "cosa otterrò da queste mie azioni?" È una domanda inevitabile, e anche a questa domanda vi possono essere mille risposte: otterrò di non andare in prigione, otterrò un premio immediato, o forse futuro, prossimo o anche molto remoto.

Siamo ricaduti ancora nel caso della motivazione "esterna": sono convinto di una determinata linea d'azione perché da qualche parte mi arriverà un qualche premio. E se il premio non arriva? la delusione può essere grande, e può portarci a cambiare il nostro modo di vivere! Ma allora cosa ci può guidare in maniera sicura?

Beh, non sperate di trovare qui una risposta, però un suggerimento potrebbe esserci: quale che sia il nostro movente, cerchiamo sempre che sia in noi stessi, da noi pensato e fatto nostro, una guida che ci suggerisce dei parametri all'interno dei quali muoversi, una guida magari suggeritaci dall'esterno, ma che sia diventata nostra, che ci dia dei suggerimenti per delle azioni di cui siamo convinti, ora, in questo momento, altrimenti si rischia di fissare lo sguardo lontano e magari inciampare sullo scalino sotto i nostri piedi.

4.7 Brevettiamo la grammatica?

Una notizia interessante dall' Ufficio Brevetti Statunitense, relativa ad una "United States Patent Application 20060195313", in cui si brevetta un "Method and system for selecting and conjugating a verb", ovvero un metodo per selezionare e coniugare un verbo!

Insomma fra poco per parlare un maniera corretta, bisognerà pagare i diritti di brevetto?

Riporto l'Abstract in inglese: in sostanza il brevetto copre un metodo grazie al quale, dato il verbo in forma infinita, lo si coniuga, e viceversa: quello che impara ogni bambino, o almeno dovrebbe, con una bella grammatica!

Abstract

A verb conjugating system allows a user to input a form of a verb and display the verb forms. The verb conjugating system allows the user to input the infinitive form or the non-infinitive forms of a verb. When a user inputs a non-infinitive form of a verb, the verb conjugating system identifies a corresponding base form of the verb. The verb conjugating system then uses the base form to retrieve and display the verb forms for the verb. The verb conjugating system may highlight the non-infinitive form of the verb within the displayed verb forms to assist the user in locating the verb form of interest.

Che dire: interessanti ed inaspettate sono le evoluzioni del mondo in cui stiamo vivendo!

Capitolo 5

Frammenti

Una raccolta di osservazioni, fatte nelle occasioni più disparate, collegate al loro contesto, ma riportate qui come semplici estratti, senza alcuna pretesa di organicità.

5.0.1 Vita

Ci sono delle belle domande che ricorrono spesso: "Che cosa può dare senso alla vita?", o anche "Che senso ha la vita?". Ho letto una citazione, di Proust se non erro, in cui scriveva che "ogni lettore non legge nei libri ciò che vi è scritto, ma se stesso". Questo penso si possa estendere dai libri alla vita intera.

Ritengo che dobbiamo sempre fare ciò di cui siamo convinti, o in ogni modo, prima di fare una cosa, convincersi che è la cosa migliore che possiamo fare (leggi: ignorare le mode). Solo così potremmo andare avanti senza rimpianti del tipo "ma se avessi fatto...". Certo non è facile, anche perché con il senno di poi ci si rende spesso conto di avere fatto scelte sbagliate, e non si può dare a nessuno se non a noi stessi la colpa di tale errore.

5.0.2 Caratteri

Riporto una considerazione interessante fattami a proposito del carattere dei vari popoli, guardando la gente per strada: se ti fermi a guardare la gente in Giappone vedi tutti che camminano in fretta (passi piccoli e veloci, con il busto leggermente inclinato in avanti) verso la loro destinazione (di solito il lavoro) senza guardare né a destra né a sinistra, mentre se guardi la stessa scena in un paese latino vedi persone che camminano con calma, guardandosi in giro e non esitando a fermarsi se c'è da salutare qualcuno o dare qualche informazione. Credo l'Italia sia po' una via di mezzo, forse un po' più verso il mondo latino che giapponese, mentre il mondo tedesco/anglosassone è un po' più verso la rigidità giapponese.

Parlando una volta con un medico di Napoli, si discuteva appunto del rispetto delle regole/formalismi (ad esempio code o sensi unici): la sua descrizione dell'atteggiamento napoletano era che, se incontro un'auto contromano in un senso unico, faccio in modo di spostarmi un attimo cosicché ci passiamo tutti e due; perché mi devo arrabbiare? questa strada ha probabilmente fatto risparmiare 10 minuti a quella persona, e a me non ha creato grossi problemi: domani verrà comodo a me imboccare un senso unico, e lo farò anch'io, e tutti saremo contenti!

In effetti il rispetto formale delle regole non è detto che sia sempre la soluzione migliore (vedi tutte le tecniche di elusione fiscale: la sostanza è quella di non pagare le tasse, anche se formalmente vengono rispettate tutte le regole); l'ideale sarebbe il rispetto sostanziale delle regole: purtroppo questo avrebbe bisogno della maturità delle persone, che non sempre è presente.

In effetti la soluzione generale alla quale assistiamo, è l'introduzione di tutta una serie di regole da rispettare che ci "intrappolano" in una rete dalla quale è molto difficile, se non impossibile uscire. E non è detto che tali regole siano sempre e solo scritte, anzi, le regole non scritte sono forse le peggiori: sono quelle regole che si ritiene vadano rispettate per vivere in società, e soprattutto sono quelle regole di cui spesso nemmeno si è consci (mi riferisco a chi si vuole comperare le Levi's: è convinto di farlo non perché sono di moda, ma perché sono migliori, sono più comode, o chissà cosa).

C'è un bel film, di qualche anno fa, con Antony Hopkins, "Quel che resta del giorno", in cui il protagonista, un maggiordomo, vive la sua intera esistenza seguendo tutte quelle regole che lui pensa un maggiordomo debba seguire (esempio stupido: gli piace leggere dei romanzetti, ma lo fa di nascosto in quanto non ritiene questo sia adeguato alla sua figura professionale): alla fine il mondo attorno a lui crolla, l'insieme di regole che riteneva di dover seguire cade, e lui si ritrova a vivere una esistenza completamente svuotata.

Gira e rigira, si va a finire sempre lì: bisogna fare qualcosa solo se se ne è convinti, non perché ce lo dice qualcuno. In pratica però ognuno è impigliato in una rete: è facile dire che bisogna fare qualcosa solo se si è convinti, ma in pratica si tende sempre a seguire la via di minor resistenza, magari giungendo con sè stessi a qualche compromesso.

5.0.3 Presentazioni

Quali tecniche seguire per una presentazione?

Ipotesi 1: uno spiega una cosa, anche difficile, in maniera chiara, tutti la capiscono, quindi pensano "ma questa cosa la capisco perfino io: deve essere una cavolata!" e l'attività del relatore ne viene svalutata, quindi quest'ultimo evita di dire le cose in maniera troppo chiara.

Ipotesi 2 (un po' più cattiva): se dici le cose in maniera semplice, e spari cavolate, tutti capiscono che stai sbagliando, quindi meglio usare termini altisonanti: se nessuno li capisce (nessuno incluso il relatore?), il pubblico pensa "lui si che sa, guarda che cose complicate racconta!". Rimarrà una piccola percentuale di pubblico competente che si accorge dell'inghippo, ma siamo in democrazia: quello che conta è la maggioranza!

In effetti bisognerebbe sempre spiegare le cose, indipendentemente dal livello di cultura degli ascoltatori, come se le si stesse spiegando ad un bambino: in fondo, in campi specialistici che non siano il proprio, la cultura, anche di un laureato, forse non è tanto superiore a quella di un bambino!

5.0.4 Computer

La tecnologia dei computer continua a svilupparsi e a presentare dispositivi sempre più potenti e veloci: oramai ogni bambino ha facilmente un PC migliaia di volte più potente dell'attrezzatura usata per andare sulla Luna.

Una persona che conosco, che aveva un computer vecchiotto, usato per programmare, una volta, alla domanda "perché non lo cambi?" ha risposto: "cosa me ne faccio del computer più veloce? il problema è la mia velocità nel pensare le cose, non quella del computer!"

In effetti essere circondati dalle ultime tecnologie ci può far sentire meglio, magari perché queste ci consentono di fare facilmente cose che non ci saremmo nemmeno immaginati pochi anni fa, ma questo che pare un grosso vantaggio in realtà è il nostro limite, o meglio il nostro limite si trova proprio in quel "che non ci saremmo nemmeno immaginati"; la forza dell'uomo sta nella sua mente, sia nella parte "logica" ma ancor più nella parte "fantasiosa": una volta che si è immaginato cosa si vuol fare, spesso si è a buon punto nel raggiungere la propria meta, mentre l'utilizzo tipico che si fa oggigiorno della tecnologia è tale da ridurre sempre più al lumicino le nostre capacità di immaginazione. Mi capita spesso quando ho un problema di lavoro di andare su Google, inserire alcuni termini, e vedere se trovo la risposta; spesso è un gran risparmio di tempo, ma a volte penso che così perdo l'abitudine di cercare la soluzione da solo. In realtà per i problemi più seri non c'è Google che si possa sostituire all'uomo: o te lo risolvi da solo, o rinunci!

Ed un altro grosso problema è la conservazione dell'informazione: ora, che tutto è in internet, capita spesso, anche in ambito accademico, che idee o proposte vengano pubblicate solo su internet: magari sono in gran parte cavolate, ma le idee buone che fine fanno? In fondo Galileo a suo tempo ha avuto delle buone idee, che non sono state molto apprezzate dai suoi contemporanei, ma sono state rivalutate in seguito tramite i suoi scritti.

Non ho dubbi che anche al giorno d'oggi ci sia qualcuno in giro per il mondo con idee molto avanzate e non comprese: se tali idee vengono affidate a internet, che è lo strumento attualmente più accessibile per qualcuno che ha qualcosa da dire, magari senza avere tanti appoggi, cosa ne rimarrà tra 10 anni?

Internet a parte, anche i vari supporti digitali non sono questo granché: si vantano durate di 100 anni per un CDROM (fra l'altro: chi l'ha verificato?) ma una cosa tipo la Stele di Rosetta è leggibile e decodificabile ancora oggi, dopo più di 2000 anni, noi abbiamo problemi a leggere un documento scritto con la versione di programma dell'anno scorso!

E comunque senza guardare troppo al futuro, esistono già migliaia di nastri magnetici, perfettamente integri, ma illeggibili, perché i computer e i driver che li hanno scritti ormai non esistono più.

Pare che la cosa migliore, se si vuole che qualcosa rimanga nel tempo, sia ancora stampare il tutto su carta, magari in più copie e tenersela da parte. Questo ha il grosso vantaggio di essere un mezzo di archiviazione ingombrante, per cui ci costringe a fare un buon filtraggio di ciò che riteniamo importante e buttare via tutte le cavolate, anzi, e purtroppo, quello che noi al momento pensiamo essere una cavolata!

5.0.5 Cambiamenti

È facile mettersi a contestare tutto, però noi viviamo ed usiamo tutto ciò che ci sta attorno. Non sarebbe male trasferirsi in un posto "fuori dal mondo", come penso ne esistano molti, in cui vivere tranquilli, senza tutte quelle che chiamiamo comodità, ma che spesso ci rendono schiavi. Però non è affatto un passo facile: si fa presto a dire "rinunciamo a tutto"! Quando si parla di terzo/quarto mondo, zone sottosviluppate e del fatto che facciamo parte del decimo di popolazione mondiale che vive bene, alle spalle della rimanente maggioranza, riconosco che è molto ingiusto, però penso anche che ho avuto una bella fortuna a nascere nel gruppo che sta bene. Un po' egoistico, è vero, però è inutile che mi metta a contestare quando in realtà non faccio niente per cambiare le cose.

C'è una bella frase di Krishnamurti, un pensatore indiano, che dice "per cambiare il mondo cambia prima te stesso": questa è forse la parte più difficile: si fa presto a dire "vorrei cambiare il mondo, ma io non sono nulla per poter fare una cosa del genere": in realtà è solo una buona scusa: la parte difficile è cambiare se stessi, ma nessuno ci vuol pensare perché per questo non si può trovare una scusa altrettanto facile per evitare il problema. Non cambio me stesso perché mi richiede uno sforzo ed è più facile rimanere così, nella solita quotidianità.

5.0.6 Stile

Capita spesso di trovare dei brani di narrativa "belli", magari per una bella descrizione, o per una situazione o stato d'animo che viene trasmesso non esplicitamente, ma grazie a qualche associazione di idee, o grazie ad un uso sapiente dello stile di scrittura: a volte mi fermo a rileggerli per cercare di capire cos'è che trasmette queste sensazioni, ma ciò che più mi lascia con un senso di "invidia" è il fatto che letta e riletta, ciascuna frase sembra normalissima, la sequenza delle frasi pare ovvia, ma il risultato d'insieme ha quel qualcosa che non so individuare. È molto bella la serie di libri di Herriot: un veterinario che descrive la sua attività, inserendo molto spesso descrizioni serissime che fanno scoppiare delle grosse risate.

E comunque, oltre allo scrivere bene, bisogna saper mantenere il ritmo per un bel numero di pagine: scrivere un raccontino è una cosa, ma organizzare un libro richiede ben altro impegno: probabilmente richiede un vero e proprio progetto e la costanza di portarlo a termine.

Al giorno d'oggi invece vanno di moda gli SMS. A parte la scomodità di scrivere sul cellulare, 160 caratteri (o un po' di più - non cambia molto): sembriamo tornati al tempo dei telegrammi spediti in morse, in cui bisognava essere sintetici perché le informazioni viaggiavano su un filo e più di tante non ne passavano. Ora, che si parla tanto di villaggio globale e che in internet viaggiano milioni di caratteri al secondo, con filmati suoni e tutto il resto, lo strumento più usato è l'SMS. Ed ora hanno inventato gli SMS multimediali: allora il problema non è tecnico, cioè che non si possano trasmettere molti dati via cellulare, ma sta nel fatto che la gente non ha molto da dire; ed in effetti dando un'occhiata agli SMS che girano mi chiedo: ma perché volete regalare tutti questi soldi alle compagnie telefoniche!

5.0.7 Una specie di magia

Come diceva Silvan, quando fate una magia, non siate mai troppo specifici nel descrivere i risultati: se sbagliate, potete sempre rigirare la cosa in modo che gli spettatori siano convinti che il risultato ottenuto è proprio quello che vi eravate prefissi.

Ho provato a fare dei biscotti: la pasta doveva essere messa in frigo prima di lavorarla a forma di bastoncini, ma quando ho tirato fuori l'impasto, era tutto attaccaticcio, per cui non c'è stato modo di riuscire a lavorarlo a bastoncino. Secondo me ho messo troppa poca farina: penso che mettendone di più l'impasto venga più secco e così più lavorabile.

Comunque invece di lavorarlo ho fatto tante palline e le ho messe in forno: solo che le palline, invece di restare ferme a forma di pallina come le avevo messe io, si sono appiattite senza chiedermi il permesso ed è venuto uno strato uniforme, un po' bianco un po' nero, di circa 6-7mm.

Comunque a questo punto ho tagliato quest'affare in tanti quadratini 2x2cm ed è venuto fuori un bel piatto di biscotti (ed erano pure buoni): se uno non sapeva cosa avevo in mente di fare (delle belle ciambelline bicolori) poteva anche pensare che mi fosse riuscito tutto bene!

5.0.8 Natura

Leggendo "Il vento è mia madre" mi è piaciuto il profondo rispetto che si percepisce nel libro per tutto ciò che ci circonda e che noi di solito tendiamo a disprezzare in nome della nostra presunta superiorità, sia verso un altro popolo, verso gli altri animali, o verso la terra stessa. In fondo, di qualsiasi cosa si parli troviamo sempre un motivo per ritenerci superiori, e quindi per avere una scusa per distruggere. Ma questo ci porta anche ad un'altro motivo che ho percepito molto forte nel libro: noi facilmente siamo portati a distruggere, perché distruggere è molto più facile di costruire. E tendiamo sempre a scegliere la strada più facile e meno faticosa per noi.

Il rispetto verso tutto ciò che è diverso richiede impegno da parte nostra, impegno nell'ascoltare, impegno nel lasciare spazio a qualcosa/qualcuno diverso da noi stessi, ed anche impegno ad accettare cose che non dipendono da noi, ad avere fede. Questo forse è la parte più difficile: affidarsi ed accettare qualcosa di esterno a noi. Forse l'uomo, convinto di essere così grande, non riesce facilmente a dire "va bene, è così", ma vuole capire - controllare - modificare: spiega tu ad un ingegnere che una cosa funziona perché va! di sicuro vuole cercare di capire, smontarla ed analizzarla, ed alla fin fine lo smontare è un termine un po' più elegante per dire "distruggere". L'ingegnere dice "smonto questo, non lo distruggo, perché poi lo rimonto", ma non sempre si può smontare e rimontare tutto ciò che si vuole.

Non a caso l'uomo ha fatto tante cose, ma sono sempre delle pallide imitazioni di ciò che c'è in natura: ha inventato tante bevande, ma una cosa come l'acqua non l'ha mai inventata, e l'acqua, pur così semplice, ha una sacco di proprietà le une collegate alle altre, ed è impossibile estrarne una sola isolata dal resto.

Di solito cerchiamo sempre il perché, ma il perché non lo raggiungiamo mai in quanto vi sono un numero tale di interdipendenze tra le cose che non ce la facciamo a comprenderle tutte.

Si pone sempre il problema, una volta giunti a queste conclusioni, di cosa fare. Io faccio programmi, ma sto facendo effettivamente una cosa utile? Potrei fare qualcosa di più utile?

5.0.9 Turismo

Nel mondo vi sono moltissime cose da vedere, non infinite, ma di certo innumerevoli, come fare per vederne il più possibile? Non so, ma forse i matematici sono più abituati a ragionare con gli infiniti.

Se hai una sequenza infinita di cose da fare, le fai una alla volta, e prima o poi ogni cosa viene fatta: si sa, i matematici non si pongono problemi di tempo.

Se però hai due liste infinite di cose da fare, non puoi fare prima tutte le cose della prima lista, e poi quelle della seconda: così le cose della seconda lista non verranno mai fatte.

In questo caso devi fare prima una cosa della prima lista, poi una della seconda, e così via, alternativamente. Ciascuna cosa, prima o poi riceverà la tua attenzione.

Probabilmente bisogna fare così anche con il turismo: ci sono talmente tante cose da vedere in Italia, che se si desidera vederle prima tutte in Italia, e poi andare all'estero, non si andrà mai all'estero: d'altro canto se si va solo all'estero non si vedrà mai l'Italia, quindi la cosa migliore è alternare le visite in Italia con quelle all'estero!

Un gran bel discorso, con basi matematiche, alle cui conclusioni si può comunque arrivare con un po' di buon senso, il solito buon senso che consiglia sempre di evitare gli estremi.

In fondo la cosa difficile nel fare una scelta non è data dal fatto di voler essere sicuri che la cosa piaccia ed essere disposti a farla, ma dal fatto che bisogna essere consci che facendo quella cosa, (causa le solite giornate di sole 24 ore) si dovrà rinunciare a molte altre.

5.0.10 Bambini

I bambini si trovano in un periodo della loro vita altamente influenzabile: penso che questo sia il maggior pregio di quest'età, pregio che ovviamente l'educatore deve saper usare bene. In questo periodo della vita siamo (stati) come delle tavolette di cera ricettive ed adattantesi a tutto ciò che le circonda, cera che purtroppo si indurisce con il passare del tempo, e con il radicarsi in noi di pregiudizi che spesso ci fanno pensare a ciò che è un nostro punto di vista come ad una legge di natura.

Un esempio tipico penso sia il razzismo: se metti un bambino bianco ed uno nero (o israeliano e palestinese) assieme questi iniziano a giocare senza problemi, poi con l'età imparano/gli spiegano cosa è la diversità ...

Questa qualità dei bambini dovrebbe essere una cosa che dovremmo cercare di mantenere anche nell'età adulta, ma purtroppo è molto difficile: con l'età si tende sempre a dire: "ma io ho esperienza e so cosa si deve fare", e purtoppo questo "sapere" si traduce in un ignorare quello che ci viene detto: "se io so, perché devo perdere tempo ad ascoltare un'altro?", mentre una delle cose che spesso dimentichiamo di fare è proprio quella di "ascoltare".

5.0.11 Computer

A volte i computer ti fanno venire i nervi data la loro idiozia: fanno tutto quello che gli dici, alla lettera, e spesso noi tendiamo a dare per scontate un sacco di informazioni, che non rendiamo esplicite, ed invariabilmente il computer, eseguendo tutto alla lettera, fa una cosa diversa da quella che volevamo. E pensare che negli anni '60, quando stavano diffondendosi i primi calcolatori, quelle cose che occupavano una stanza, gli esperti dicevano che in alcuni anni si sarebbe sviluppata l'intelligenza artificiale, mentre ancor'oggi, come intelligenza, siamo abbastanza scarsetti.

E poi c'è sempre il fatto che con tutta questa tecnologia, archiviamo un sacco di informazioni, che poi, a distanza di poche decine di anni non riusciamo più a leggere: esistono già archivi, scritti utilizzando vecchi computer (intendo di 10-20 anni fa), che attualmente non esistono più, per cui le informazioni non sono più accessibili.

E pensare che oggi siamo in grado di leggere iscrizioni risalenti a 2000 anni fa: c'è da riflettere un po' su quale sia la civiltà più progredita!

5.0.12 Società

Non sono mai stato un tipo molto "di società", e spesso preferivo starmene per gli affari miei evitando gli altri. Poi, durante gli studi, avevo sempre la scusa che c'è un sacco da studiare e quindi non posso dedicarmi ad altro. In effetti mi rendo conto che questa non è stata la scelta migliore perché quello che può a prima vista parere una perdita di tempo, come andare in giro, divertirsi con gli amici, in realtà è una parte importante della vita.

Nel complesso mi sono ritrovato a rivalutare le relazioni con gli altri: effettivamente è più difficile rispetto a cercare le relazioni con il mondo esterno ad esempio tramite libri: il libro ha l'indubbio vantaggio di poter essere preso in mano, ed anche messo via, ogni volta che ci aggrada, ma mi risulta difficile pensare alla lettura di un libro come ad un dialogo con l'autore: se non altro perché si tratta di un dialogo unidirezionale.

Non che non sia utile od interessante: in fondo è la stessa differenza che c'è tra fisici ed astronomi: i fisici studiano il nostro mondo, quello a portata di mano, che possono osservare, ma anche stimolare/modificare per vedere come si comporta e cercare di capirne le leggi. Gli astronomi osservano, senza toccare/modificare nulla ma ugualmente cercando di trovarne le leggi. Ho parlato una volta con un astronomo che studiava cosa succedeva quando due galassie si scontrano: chiaramente lui non potrà mai verificare le sue teorie, dato che prendere due galassie in laboratorio è un po' problematico, e poi, lo scontro, diceva, è un fenomeno che dura milioni di anni ...

Quindi non è che un mezzo sia migliore o peggiore di un altro, sono diversi. Un libro ti dà una cosa, una relazione personale un'altra. Di sicuro quest'ultima porta con sè maggiori problemi, ma dà anche maggiori soddisfazioni: mentre parlando con un libro si ottengono risposte generiche - preparate per un pubblico nel quale ci si può o meno riconoscere, ma che comunque comprende molte altre persone oltre a noi, in una relazione personale ciò che si dà e si riceve è strettamente indirizzato a chi ci sta davanti. Penso sia difficile, se non impossibile, avere due conversazioni identiche, anche se relative allo stesso argomento, con due interlocutori diversi.

Un libro sarà anche scritto da una persona che di sicuro (ma siamo poi proprio sicuri...) è un esperto nel suo campo, ma in una conversazione il nostro interlocutore sta parlando proprio con noi, ed in fondo le capacità dell'uomo, conscie, ma soprattutto inconscie, di percepire ciò che gli sta davanti, ci consente di dare, ed analogamente di ricevere, molto di più in un colloquio personale.

Ed ora che ci penso, senz'altro questo di più è stato monetizzato dagli esperti di marketing: in fondo perché siamo disposti a pagare una assicurazione auto una cifra andando di persona dal nostro assicuratore, quando la si può avere a metà prezzo via internet, senza neanche spostarsi da casa nostra? o usare una banca tradizionale invece di una on line? in fondo credo che gran parte dei motivi risiedano semplicemente nel fatto di poter parlare con una persona, che non è detto sia più competente, ma è lì davanti a noi che ci ascolta.

5.0.13 Eremitaggio?

Isolarsi andando a vivere fuori dalla confusione della nostra società! A parte che probabilmente sono cose che si dicono, ma che non so se avrei il coraggio di farle per davvero, comunque non avevo mai pensato come questa scelta fosse nella sua essenza un modo di evitare la realtà. Probabilmente andando a vivere, non dico in eremitaggio, ma quasi, si starebbe più tranquilli, ma è anche un modo per dire agli altri: "io ho fatto la mia scelta, voi arrangiatevi".

Il protagonista di "La città della gioia", Lambert, è un missionario cristiano, la cui scelta è di andare a vivere in una bidonville. Lui non si pone come quello che arriva ed insegna agli altri, o come quello che si ritira a pregare per gli altri, ma si stabilisce a vivere con gli abitanti della bidonville, secondo le loro usanze, anzi i primi tempi l'unica cosa che fa è cercare di apprendere le loro usanze. Non si pone come colui che deve fare qualcosa per gli altri, ma come colui che sta con gli altri. C'è una bella frase di un filosofo indiano, Krishnamurti che dice: "se vuoi cambiare il mondo, prima cambia te stesso".

Risulta molto più impegnativa la scelta di chi si immerge nella società, e, notandovi incoerenze/ingiustizie, o comunque elementi migliorabili, si batte al fine di raggiungere qualche piccolo miglioramento. Un grande miglioramento nella propria vita, rimane un grande miglioramento, un piccolo miglioramento in una società di molte persone può facilmente trasformarsi in un enorme miglioramento complessivo, che probabilmente rimarrà anche dopo che noi ce ne saremo andati.

5.0.14   SMS

È interessante come alcuni meccanismi, per quanto scomodi e laboriosi, raggiungano una tale diffusione di pubblico. Fra l'altro ho visto una volta un concorso letterario che consisteva nel comporre brevi poesiole con il limite dei 160 caratteri SMS, poesiole che poi venivano inviate ad una centrale, e questa li rinviava ai partecipanti, i quali votavano, sempre via SMS la poesiola migliore. Non so perché ma mi è venuto il sospetto che si trattasse di una bella idea delle compagnie telefoniche per incrementare il traffico!

5.0.15   Verità

Una persona una volta, parlando di che cosa è la Verità, l'ha paragonata ad un grosso meteore, che cadendo sulla Terra si è frantumato in milioni di pezzi: ciascuno ne ha raccolto un pezzettino, e nessuno si può dire depositario della Vera Verità, però più sono le persone che si riuniscono, più sono i frammenti che verranno uniti assieme e più ci si avvicinerà a ricostruire la Verità originale.

L'immagine mi è piaciuta molto, anche se d'altro canto (purtroppo? per fortuna?) non è il semplice riunire le persone che costruisce qualcosa, ma il confronto tra queste. Chiaramente più contributi ci sono, più si può andare lontano, ma tali contributi devono essere discussi, fatti propri da ciascuno, probabilmente modificati nella loro formulazione originale, ridiscussi e così via...

Un processo che può essere portato avanti solo in un gruppo ristretto di persone: 2 è il numero minimo, non so se sia il numero massimo, ma io di solito se ci sono più persone tendo un po' ad isolarmi, anche perché trovo difficile parlare con più persone assieme: la mia esperienza mi dice che di solito, se parli con più persone, di solito in realtà ti rivolgi ad uno solo del gruppo, e sono poche le persone, che, come si suol dire, "sanno tener banco", coinvolgendo tutti nella discussione.

Non penso che nessuno possa dire di esporre idee solo ed esclusivamente proprie: non penso che una tale persona, per quanto genio possa essere, andrebbe molto avanti. Tutto ciò che facciamo è il risultato di una interazione più o meno forte con ciò che ci circonda. Si può trattare di una interazione meccanica, in cui si tende a fare/ripetere ciò che gli altri ci dicono, o di una interazione più mediata, in cui tra l'assimilare l'idea ed il ripeterla c'è la fase critica di interiorizzazione.

In questo caso penso che l'idea la si possa anche chiamare propria: in fondo è più difficile accettare una idea altrui, magari diversa dalla nostra, riconoscendo che stavamo sbagliando, che non rimanere sempre fissi nelle proprie convinzioni/pregiudizi. In fondo restare coerenti per sempre alla propria idea iniziale, significa essere fermamente convinti di essere partiti subito con il piede giusto e di non avere bisogno di correzzioni. Purtroppo, o forse per fortuna, tutta la vita è un continuo accumularsi di esperienze che ci consentono di modificare e/o migliorare il nostro comportamento, renderci conto dei nostri errori, e magari porvi rimedio.

Capita a tutti di sbagliare, la cosa importante è fare tesoro dei propri errori, in modo da evitarli in futuro (e farne degli altri ...): probabilmente non si arriverà mai alla perfezione, ma almeno ci si proverà. D'altro canto, per ogni cosa che facciamo, è sempre meglio farla dopo che ci abbiamo pensato e ci siamo convinti che va bene così. Di solito, se si fa qualcosa di cui si è convinti non ci si pente mai: prima di tutto, se si è convinti ci sono molte più probabilità che quello che stiamo facendo ci riesca sul serio, ed inoltre, bene o male che vada, sappiamo che è merito/colpa nostra (e comunque qualcosa avremmo imparato in ogni caso), mentre se non si è convinti non si impara mai nulla: se la cosa va bene, magari si continua a non capire perché è andata bene, se va male si resta con l'idea di avere perso tempo, e magari si dà la colpa a chi ci aveva suggerito di procedere così: fra l'altro questa è, psicologicamente, la soluzione più facile, perché si resta con la convinzione di essere "bravi" e si danno tutte le colpe agli altri! Tutto sommato meglio essere delle persone mediocri convinte che non dei bravi, la cui bravura non si sa da dove arrivi.

5.0.16 Giudizi

Purtroppo siamo abituati ad emettere giudizi continuamente, su tutto e spesso in maniera superficiale, e questo si riflette sul fatto che ciascuno di noi teme di essere giudicato.

In realtà poi il mondo va avanti così: in un esame si viene giudicati in mezz'oretta, in un colloquio di lavoro si può decidere del proprio futuro nello stesso tempo, in una vendita si può concludere l'affare o meno grazie o per colpa di una impressione iniziale, e spesso chi e bravo a "recitare" fa molta più strada.

Come in tutte le cose anche nei propri giudizi è necessaria un po' di moderazione: secondo me più che non dare giudizi, la cosa migliore è farsi un'opinione, magari anche veloce, ma tenere sempre a mente che è una propria opinione, e che quindi può accadere qualcosa per cui sarà saggio cambiarla: di sicuro è peggio tenersi una opinione sbagliata rispetto al riconoscere di aver sbagliato.

5.0.17 Vesalio

"Costoro in verità, come fanno le cornacchie, affidano quelle cose cui mai si sono accostati, ma che solamente imparano a memoria dai libri degli altri o pongono sotto agli occhi copiate, gracchiando dall'alto della cattedra con rara presunzione."

Da:

Ad divinum Carolum Quintum, Maximum Invictissimumque Imperatorem Andreae Vesalii in suos de humani corporis libros Praefatio [1543], opera in cui Vesalio criticava i medici che studiavano l'anatomia sui libri e non avevano mai fatto una dissezione di un corpo (perché non era dignitoso).

5.0.18 Responsabilità

Tornando all'idea di responsabilità, il problema è che ciascuno cerca sempre dei riferimenti esterni, qualcuno o qualcosa a cui delegare le proprie scelte e le proprie responsabilità, essenzialmente per pigrizia. È il famoso effetto gregge, per cui è sufficiente che una persona sappia, o semplicemente faccia credere di sapere quello che fa che la maggioranza lo segue.

5.0.19 Mediocrità

C'è un film molto bello, "Viaggio in Inghilterra", in cui si affronta il tema della riservatezza dei propri sentimenti: una persona cioè mediamente felice, ma chiusa nella sua rigidità formale che conosce l'amore di una donna, amore che nasce in situazioni un po' strane; lei, quando lo incontra per la prima volta, gli chiede un piacere: di sposarla! Sarà un matrimonio di forma, perché a lei serviva la cittadinanza inglese, ma dal quale nascerà l'amore: i giorni in cui l'amore sboccia, ed i successivi sono bellissimi, vissuti da entrambi in maniera molto intensa, come intenso è il dolore quando tutto finisce.

Si può vivere nella mediocrità, ed essere mediamente felici, o secondo la teoria del bicchiere mezzo pieno o mezzo vuoto, mediamente infelici, oppure rischiare di essere felici: è un rischio perché una volta conosciuta la felicità, la sua assenza è molto più dolorosa di prima. In fondo però questo è un essere vivi: se si resta chiusi nella propria conchiglia, magari non si soffre, ma nemmeno si è felici.

Il rovescio della medaglia è che ovviamente, in questo modo la nostra felicità è in mano a qualcuno diverso da noi, e forse è proprio questa paura che blocca molte persone. Una paura che è forse dovuta alla crescente mancanza di fiducia nell'altra persona. Ma la fiducia non è una cosa che si dà e basta: io ne do un po', e ne ricevo un po', e credo che sia una specie di circolo virtuoso, in cui il fatto stesso di dare un po' di fiducia ad un'altra persona, porta questa a darne a te. In fondo ci deve essere uno che fa il primo passo: ciò che fa male è quando il primo passo non è ricambiato.

Ricordo che ne "Il Piccolo Principe", ad un certo punto si dice che se mi dedico ad una rosa, la curo, la seguo, la poto, quella rosa sarà per me speciale, e ciò che me la rende speciale è il fatto che ci ho dedicato il mio tempo ed il mio amore: così con le persone, il solo fatto di trascorrervi assieme del tempo, o comunque dedicarci del tempo, rende quella persona diversa dalle altre.

Spesso, quando sento persone dire che hanno un sacco di amici, penso a come facciano, o a cosa vuol dire amico: anche l'amicizia è una cosa che va coltivata, ma con decine e decine di amici, che cosa si può coltivare?

In fondo basta essere un po' disposti ad accettare: ciascuno ha dei doni da dare, ma bisogna anche essere aperti e disponibili a ricevere ciò che ci viene dato, che magari, anzi quasi sicuramente non è ciò a cui stiamo pensando noi, anzi magari è in contrasto con le nostre idee, ma il primo passo verso un qualsiasi buon rapporto credo sia proprio la capacità di ciascuno di accettare ciò che gli sta attorno.

Un filosofo indiano diceva che bisogna evitare di dare giudizi, perché con un giudizio si tende a catalogare, e a catalogare secondo le nostre idee, mentre il valore di ciò che ci stà di fronte stà proprio nel fatto che non fa parte di noi, è diverso da noi, e in questo senso può essere un contributo alla nostra crescita: ciò che è già in noi non ci farà mai crescere, o meglio ci ha fatto crescere quando è entrato in noi. Tra l'altro questa è la forza dei bambini, accettano ciò che il mondo gli dà, senza emettere giudizi, e così crescono, finché diventano "maturi", ed iniziano a dare giudizi.

5.0.20 Libertà

C'è un bel film di Audrey Hepburn, "Colazione da Tiffany", in cui lei non vuole dare il nome al gatto per rispettare la sua indipendenza. Ma nella scena finale del film, raccogliendo il gatto che aveva abbandonato in un vicolo per lasciarlo libero, dice "per essere felici bisogna appartenere a qualcuno".

L'idea di "libertà assoluta" è un po' un mito ed una illusione: e di certo non è che libero significhi evitare qualsiasi tipo di legame (e quindi di responsabilità). Diciamo che è una scelta comoda, ma in realtà anche lo scegliere liberamente di porsi dei vincoli è una libertà: e poi cosa vuol dire libertà? siamo liberi da cosa? viviamo in una società e volenti o nolenti riceviamo delle influenze che controllano il nostro comportamento, e in fondo, chiunque agisce in funzione di uno stimolo, può dirsi "non libero". In una ottica di causa ed effetto, il nostro comportamento sarebbe libero se le nostre azioni non fossero provocate da una causa, ma venissero da noi, senza alcun apparente motivo. Questo, visto dalla gente, è il comportamento del pazzo!

5.0.21 Relazioni

Una delle cose più difficili in ogni situazione è proprio quella di spiegarsi un po': il problema è che tendiamo sempre ad essere poco naturali, pensando a quello che un'altro può pensare se noi facciamo/diciamo una certa cosa. E così, a forza di pensare che se faccio così allora potrebbe succedere colà, va a finire che non si agisce, o non ci si spiega, con risultati ancora peggiori.

Mi sono trovato raramente in situazioni in cui dire tutto ciò che penso o che vorrei dire, proprio per il fatto che una cosa del genere ti porta a affidarti completamente ad un'altra persona: e tutto sommato non è che si tratti di nascondere qualcosa, o di mentire apertamente; di solito è semplicemente un indirizzare il discorso verso argomenti più neutri, magari, anzi credo per lo più inconsciamente.

Solo una volta mi è capitato con una persona di pensare, mentre rispondevo ad una domanda, indirizzandomi appunto verso argomenti neutri, di pensarci su e riflettere come stessi svicolando volutamente. Non so se la cosa sia stata percepita, ma comunque è stata appoggiata.

So che in quella situazione ho pensato come certe volte sarebbe più onesto stare zitti, però così ti dicono che sei asociale: è più comodo dire e comportarsi come uno si aspetta che tu faccia e tanti saluti.

5.0.22 Eroi

C'è un bel passo nella "Vita di Galileo" di Brecht, quando Galileo ripudia le sue teorie: un suo discepolo dice "Povera quella terra che non ha eroi" e Galileo, che dei ferri aveva paura, risponde "povera quella terra che ha bisogno di eroi"!!!

E facile parlare, però quando ci si trova a dover affrontare le conseguenze pratiche delle proprie idee, la maggior parte, io compreso, della gente, tende ad arrivare ad un compromesso.

5.0.23 Eugenetica

Girando in internet ho trovato una notizia relativa al fatto che in Svezia il governo ha portato avanti per 40 anni, fino agli anni '90 (1990) un programma di selezione della razza, per cui gli esseri umani "non perfetti" venivano sterilizzati.

Non so cosa si intenda per "non perfetti", quali criteri fossero usati e chi decidesse, certo che a volte vien da pensare "beata ignoranza", perché a venire a sapere cose del genere si resta veramente senza parole, e poi, anni 40 significa che hanno iniziato dopo la seconda guerra mondiale: non è quindi che le idee di Hitler fossero proprio fuori dal mondo: lui non è riuscito a portarle avanti, ma qualcuno lo ha preso in parola, in concreto.

Viene perfino da dubitare che la notizia sia vera (viene citato il giornale spagnolo ABC del 29/03/2000 pag. 44 come fonte).

5.0.24 Morte

Quando ci si ferma a pensare alla morte di chi ci stava vicino, c'è sempre una tristezza di fondo che forse è un po' dovuta ad un "egoismo istintivo" per essere stati "abbandonati" dalla persona che amiamo, anche se ovviamente non è stata una scelta, ma un evento sul quale più di tanto nessuno poteva intervenire.

Senza dubbio anche la morte fa parte della vita, ma si fa presto a filosofeggiare quando capita agli altri: poi quando la cosa ci tocca direttamente si vorrebbe sempre rimandare. L'unica cura è l'amore, l'affetto o la semplice presenza dei nostri cari e di chi ci sta vicino.

5.0.25 Il metodo scientifico

Non è corretto dare al metodo scientifico una valenza etica che esso non ha e mai potrà avere. Già Galileo, che è considerato l'ideatore del metodo scientifico, diceva chiaramente che lui fa dei conti, descrive il mondo, ma la verità la lascia predicare alla Chiesa (magari lui lo diceva per salvarsi la vita ...)

Come metodo può essere usato da chiunque, per ogni scopo, ma se lo scopo non è giusto, corretto, etico non è certo colpa del metodo scientifico.

In fondo, anche su una tavola da pranzo ci sono i coltelli: se uno li usa come strumenti di morte, nessuno si sognerebbe di dire che coltelli vanno male: sono strumenti che uno può usare per tagliare la bistecca o per uccidere.

Se il metodo scientifico viene usato per giustificare le proprie azioni, chi lo usa così lo fa per pura retorica, perché il dire "ho usato il metodo scientifico" viene percepito dalla gente come "ha fatto la cosa giusta", ma è un artifizio retorico. Il metodo scientifico va bene se devo costruire una casa, una macchina, una bomba. E dico "va bene" nel senso che usando il metodo scientifico si riescono ad ottenere quei risultati, non che quei risultati vanno bene - sono buoni - in senso etico.

Se vuoi sapere cosa è giusto o no deve affidarti ad altri strumenti.

Anzi, a voler essere proprio pignoli, il metodo scientifico, oltre a non avere valenza etica, non ha valenza nemmeno come metodo descrittivo della "realtà vera", credo che un filosofo direbbe che non ha valenza ontologica, ma non ci giurerei che questo termine esprima ciò che voglio dire.

Il metodo scientifico si propone di descrivere la realtà attraverso dei modelli e delle ipotesi: se i modelli funzionano, nel senso che descrivono ciò che vedo, e mi consentono di fare delle previsioni, dico che ho un buon modello, ma non è detto che il modello sia la realtà, anzi bisognerebbe tener sempre presente che il modello non è la realtà, perché di solito dopo un po' un modello è sostituito da un altro.

Quindi il metodo scientifico è una bella cosa se usata per cio che è: se lo si carica di significati non suoi la cosa non funziona più, ma non è nemmeno nata per funzionare in quel modo.

Il problema è che ciascuno, quando trova una cosa che funziona in un certo ambito, tutto contento ed entusiasta, in buona o cattiva fede, la vuol applicare in tutti gli altri campi in cui non è minimamente adatto.

5.0.26 Colloqui

Se c'è un colloquio regolare, si parla sia di cavolate che di cose importanti, ma se non c'è colloquio regolare, non si parla di cavolate, ma nemmeno di cose importanti. Non si può dire "parliamo poco, ma solo di cose importanti". In effetti è una cosa un po' strana, che ho verificato di persona: se ci si vede spesso e si parla spesso, ci sono sempre un sacco di cose da raccontarsi, se ci si vede raramente, almeno a me capita così, ci si trova a corto di argomenti: ho pensato che la cosa è dovuta al fatto che si vorrebbe parlare solo di cose importanti, dato il poco tempo a disposizione, ma in fondo quali sono le cose importanti? evidentemente, se rimaniamo senza argomenti le cose importanti sono tutti i piccoli fatti che ci succedono ogni giorno.

Nella vita ci possono capitare alcuni eventi fondamentali, che magari danno una svolta alla nostra esistenza, ma sono pochi: capitano invece molti piccoli eventi, che sono piccoli, sono insignificanti, sono quello che vuoi, però alla fine sono ciò che costituisce la nostra vita.

Forse è un discorso analogo a quando ci si chiede cosa si può fare per cambiare il mondo: il mondo è fatto di tante piccole cose, per cui per cambiare il mondo ciascuno deve cambiare tante piccole cose, a cominciare da se stesso: diceva Krishnamurti che per cambiare il mondo, ciascuno deve cambiare prima se stesso.

5.0.27 Evoluzione

Stonehenge è una meta che mi ha sempre attirato, anche se non ci sono mai stato: tutta la mitologia nordica è molto bella, ma non l'ho mai approfondita veramente, e poi il concetto del druido forse sarebbe un po' da rivalutare dato che, a parte tutto il contorno, la natura era rispettata molto più di adesso, e nonostante cerchiamo di gasarci un po' dicendo che la nostra società ha prodotto opere grandiose, ha una tecnologia mai esistita prima, in realtà vediamo tracce di opere grandiose costruite anche nel passato, e quello che vediamo è solo un piccola parte di ciò che c'era: vorrei proprio vedere tra 2000 anni quali tracce restano della nostre opere tecnologiche.

E soprattutto ora che tutto è virtuale, che tutto è archiviato su computer, è sufficiente che trascorrano 10 anni, e i documenti "vecchi" non sono più leggibili dal nuovo software, altro che stele di Rosetta!

Vedevo un servizio su una piramide in Egitto in cui hanno trovato un cunicolo piccolo, lungo e dritto: si chiedevano come potessero fare un cosa del genere, con la tecnologia dell'epoca. In fondo, per essere un cunicolo lungo decine di metri, perfettamente dritto, evidentemente le conoscenze che avevano erano superiori a quelle che noi gli attribuiamo.

5.0.28 Medio Oriente

"I talebani" di Rashid è un libro di un giornalista pachistano che sta seguendo gli eventi della zona da 20-30 anni. Lui si occupa, o meglio quel libro parla, per lo più della parte politica, delle fazioni in gioco, e dei vari legami tra le fazioni: certo che la situazione in Afganistan non è mai stata allegra di per sè, per la presenza di molti gruppi che si contrappongono, ma in questi ultimi vent'anni, e probabilmente anche prima, tutti i paesi lì attorno, e anche quelli più lontani, tipo gli Stati Uniti, hanno continuato a inviare miliardi e miliardi, di solito in armi, una volta a favore di una fazione, una volta dell'altra, alimentando sempre più l'odio tra le varie fazioni, ed ignorando qualsiasi aspetto umanitario, il tutto guidato per lo più da interessi politici (pochi) ed economici (tanti), con le varie Oil Company americane o no, che spingevano in una direzione o nell'altra a seconda di quello che pensavano fossero i loro interessi, salvo poi cambiare idea e passare dal sostenere una fazione a sostenerne un'altra.

A parte la diffusa avidità dei governi, appare un altro elemento, forse ancora peggiore: l'assoluta miopia e non comprensione della situazione e degli intrecci presenti in Afganistan, sia politici, che religiosi, che etnici. L'atteggiamento è quello tipico di chi va lì, con l'idea di dire cosa va fatto, senza mai porsi il problema che ci possono essere delle persone con idee diverse dalle nostre.

5.0.29   Lucio Russo

Dedicandomi alla storia ellenistica, ho scoperto cose mai sapute, in particolare per la storia della scienza dell'epoca (ho letto "La rivoluzione dimenticata" di Lucio Russo): pare proprio che nel terzo secolo AC fossero molto avanzati scientificamente. È stata trovata ad esempio una descrizione di una macchina, che inserendo una dracma, versava una quantità prefissata di liquido: non era Coca Cola, ma comunque era sempre un distributore di bevande. L'idea del mondo greco, gran teorico ma poco pratico, dovrebbe essere rivista. Fra l'altro è stato trovato un reperto, sempre datato III sec AC, consistente in una scatola di ingranaggi, tipo orologio, che si ipotizza fosse il meccanismo di controllo di un planetario, ma a parte l'utilizzo, la sua presenza dimostra delle capacità tecniche, ad esempio nella meccanica di precisione, ritenute inesistenti.

È interessante come la storia venga di solito insegnata in un modo standard, ignorando fenomeni che, pur essendo vecchi di 2 millenni, sono molto attuali; in fondo lo spirito esistente nel III secolo AC è lo stesso presente nella rivoluzione scientifica del 1500, e non a caso la rivoluzione scientifica avviene dopo l'umanesimo, e la riscoperta degli Antichi: in fondo la nostra rivoluzione scientifica è stata solo un riprendere il lavoro del periodo ellenistico, interrotto per tutto il periodo romano e medioevale europeo.

È un interessante sviluppo: un mondo scientifico completamente annientato (e poi dimenticato) da una potenza militare (i romani), che di scienza non ne capivano nulla, e si limitavano ad usare quel po' di tecnologia che ritenevano utile senza però continuare a tenere in vita organismi di "ricerca di base", come la biblioteca di Alessandria, con il risultato che poi, con il tempo la scienza non l'ha capita più nessuno, e siamo finiti nel medioevo, dove un grande matematico scriveva un trattato su come contare con le dita fino a venti. Dato che fino a dieci ci arrivano tutti!

5.0.30 Condividere

Certo che una cosa è condividere ed un'altra mettere in pratica, soprattutto il fatto di aprirsi con gli altri, di manifestare i propri sentimenti: in fondo non è questione di sincerità o meno, ma proprio di essere aperti - capita infatti molto spesso non di mentire ma semplicemente di omettere qui e lì, cosa che in fondo è forse peggio di una "onesta bugia"!

Il non dire, il dare per scontato porta spesso a situazioni poco chiare, che rischiano facilmente di degenerare.

Certo che a parole si fa anche presto, ma poi mi accorgo pure io che spesso ometto qua e là, e questo pur sforzandomi di aprirmi - purtroppo se non mi sforzassi me ne starei zitto per conto mio e basta, e mi rendo conto che non è affatto una cosa buona, anche perché un pensiero non condiviso, come dice bene Marquez in fondo muore in noi.

È interessante che un pensiero così sia stato formulato da una persona sulla soglia della morte, chissà forse perché in frangenti simili si ha una visione diversa della vita.

L'amore che nella vita si può condividere è una ricchezza inestimabile che ci portiamo dentro, a differenza di qualsiasi altro tipo di dono materiale, il dono dell'amore arricchisce sia chi lo dà che chi lo riceve, anzi forse il dare ci rende ancor più felici, soprattutto se il nostro dono viene accolto.

Ogni tanto mi sento un po' smoralizzato, guardando indietro a quello che ho fatto e al futuro: in fondo ho superato il "mezzo del cammin della mia vita", diciamo che al momento attuale sono nella situazione del bicchiere mezzo pieno e mezzo vuoto: bisogna cercare di pensare al mezzo pieno, o meglio cercare di riempire il mezzo bicchiere che resta.

Certo non è che l'amore risolva tutti i problemi, anzi, di sicuro ne porta degli altri, ma può dare molto, anzi moltissimo, di questo ne sono convinto, e di certo vi possono essere molte cose che una persona può fare.

5.0.31 Domani è un altro giorno

Spesso siamo convinti che domani è un altro giorno e c'è tempo, ma fatti come la morte, o il pensiero della morte, ci fanno render conto che si domani è un altro giorno, ma non è detto che ciò che è in ballo per oggi lo sia per sempre.

5.0.32 A come Amore

Credo che l'Amore, con la A maiuscola, esista, ma di certo è difficile trovarlo: nell'Amore c'è similitudine e differenza, ma soprattutto c'è il desiderio di accogliere l'altro, di andargli incontro, per stare con lui nell'equilibrio delle proprie diversità.

Questo non significa che uno dei due corre dietro all'altro, e rinuncia a tutto, o a molto, solo per l'altro, che fa quello che gli pare, o peggio, gioca con la situazione che si è creata approffittandone.

Gli opposti si attaggono solo in quanto si completano reciprocamente, ma il desiderio di incontrarsi deve essere reciproco, altrimenti non vale la pena tentare l'incontro, o meglio, vale la pena tentare l'incontro, ma quando si rinuncia a tutto e alla fine ci si accorge di essere ancora lontani, e soprattutto, che l'altro non ha fatto alcuno sforzo, meglio lasciar perdere.

Indice

INDICE